VENUSTIANO
Carranza

Marco Antonio Mendoza Bustamante

VENUSTIANO
Carranza

El hombre tras la Constitución de 1917

historia

Venustiano Carranza
El hombre tras la Constitución de 1917
Marco Antonio Mendoza Bustamante

Primera edición: Producciones Sin Sentido Común, 2017

D. R. © 2017, Producciones Sin Sentido Común, S. A. de C. V.
   Avenida Revolución 1181, piso 7,
   colonia Merced Gómez,
   03930, Ciudad de México

Teléfono: 55 54 70 30
e-mail: ventas@panoramaed.com.mx
www.panoramaed.com.mx

Texto © Marco Antonio Mendoza Bustamante
En portada: fragmento del *Mural de la Historia de Coahuila*
de Salvador Almaraz López, utilizada con la autorización de la
Secretaría de Cultura del estado de Coahuila; fotografía de Abraham Ascencio.

ISBN: 978-607-8469-39-0

Impreso en México

In memoriam

A mi abuelo, el coronel Serafín Mendoza Soberanes, ameritado revolucionario hidalguense, quien sirvió con valor e integridad en el Ejército Constitucionalista liderado por el primer jefe Venustiano Carranza.

A mi tío, el capitán Alfredo Madrid Piña, caído en el sitio de Cuautla a manos del Ejército zapatista. Que este libro sirva como reconocimiento a los miles de revolucionarios que ofrendaron su sangre a las causas de México, cuyos nombres y lugares donde reposan sus cuerpos se desconocen.

Al profesor Malaquías Piña Jusue, perseguido en tiempos de la Revolución, sin que ello callara su misión como apóstol de la educación, en una época en la que la desigualdad social tenía su origen en el rezago educativo.

Índice

Cabalgaba cada mañana por el Paseo de la Reforma en dirección a la oficina del Ejecutivo [...] Reservaba horas específicas para hablar con la gente del pueblo cada semana. Su estilo era casi el de un político de vecindario y ajustaba los impuestos a quienes los creían injustos.

ÁLVARO CANALES SANTOS

Palabras del autor

Conocí a don Venustiano Carranza por primera vez, al igual que millones de mexicanos, en los libros de texto gratuito que publica la Secretaría de Educación Pública. Desde mi óptica de niño, me resultaba confusa su participación en la Revolución mexicana. En las aulas de educación primaria se enseña que los máximos caudillos que dio nuestra patria en el siglo xx son Emiliano Zapata y Francisco Villa, por lo que la imagen adusta de don Venustiano contrastaba profundamente con el episodio sangriento que supone ser una revolución. Esta intuición infantil me acompañó durante los siguientes años, y sería determinante, después de que madurara conceptualmente, en la redacción de las páginas que tiene el lector en sus manos.

Más tarde, escuché las historias que mi padre me contaba acerca de la participación de mi abuelo, el coronel Serafín Mendoza Soberanes, en el Ejército Constitucionalista del que don Venustiano era el primer jefe. Ahí comencé a admirar a Carranza y a comprender su legado más cabalmente.

Con el paso del tiempo profundicé en el estudio de su vida, hasta que comprendí la trascendencia de su participación en la historia de México como hombre de Estado, a la cual debe reconocérsele ya un valor universal: una obra política y administrativa –con episodios de intensa actividad en los campos de batalla–, que cristalizó en un texto constitucional, para el que Carranza tuvo la determinación y fortaleza de hacer una constitución viva. En la Constitución de 1917 se resumen los anhelos de un pueblo convulsionado por una profunda desigualdad entre las clases sociales, presente no sólo en el siglo xx, sino con profundas raíces históricas que se remontan al periodo virreinal.

En mis años como estudiante de derecho, mi admiración se acrecentó por dos motivos. En primer lugar, comprendí que las ideas plasmadas en la Constitución de 1917, especialmente aquéllas de carácter social, eran de avanzada para los albores del siglo xx. Asimismo, pude valorar la extraordinaria capacidad del texto constitucional de renovarse conforme ha cambiado la realidad nacional y su entorno, haciendo de él, en pleno siglo xxi, un instrumento con plena vigencia.

Ya como abogado, tuve el privilegio de desempeñarme como comisionado para la instrumentación del Sistema Penal Acusatorio en el estado de Coahuila de Zaragoza, la tierra de Carranza. Durante el ejercicio de esa responsabilidad conocí diversos rincones de aquel estado, incluido Cuatro Ciénegas, la cuna de don Venustiano. Esa experiencia me motivó a aprender acerca del desarrollo de quien sería el hombre detrás de la Constitución de 1917. Por cierto, grata sorpresa me llevé al leer los discursos pronunciados durante la discusión de la Constitución de 1917 y observar que el sistema penal que estaba por implementarse en México, derivado de la reforma constitucional del año 2008, no distaba mucho de aquél planteado por el Congreso Constituyente de Querétaro.

En esos años comencé a escribir un texto sobre Venustiano Carranza, que ve la luz ahora en el marco del centenario de la Constitución de 1917. Por cierto, un momento propicio éste, para reflexionar acerca del itinerario que lo llevó de ser primer jefe del Ejército Constitucionalista a presidente constitucional de los Estados Unidos Mexicanos, y proponer, sin reservas, que cada mexicano haga suyos los principios y valores del texto constitucional vigente.

Este libro no busca ser una biografía. Muchas plumas ya se han encargado de estudiar los recovecos en la vida de este personaje. En cambio, persigue analizar las cualidades de un estadista de la talla de Carranza, así como aquilatar la importancia de su legado y la vigencia de su obra político-administrativa en nuestros días, la cual tuvo su expresión más acabada en la Constitución de 1917.

En este tenor de ideas, el lector observará que a lo largo de sus páginas el libro tratará –espero que no en vano– de arrojar luz sobre aspectos de quien, en mi opinión, debería ser reconocido como uno de los principales constructores del Estado de derecho que hoy nos rige, los cuales no se han abordado en la bibliografía existente o no han recibido en ella el lugar que merecen. Por ejemplo, suele afirmarse que en el siglo xx en nuestro país hubo una Revolución mexicana, que tuvo en las figuras de Francisco Villa y Emiliano Zapata a los máximos héroes de la lucha social que nos dio una nación moderna donde vivir.

Hoy sabemos que entre 1910 y 1920 hubo un entramado de movimientos revolucionarios en México. La Revolución antirreeleccionista de Madero tiene, por supuesto, ya su nombre escrito con letras de oro en la memoria de la patria. Las insurrecciones armadas del Ejército Libertador del Sur, encabezado por Emiliano Zapata, y de la División del Norte, dirigida por Francisco Villa, sin duda tuvieron una relevancia en el juego de fuerzas sociales y políticas de la segunda década del siglo xx. Sin embargo, la Revolución constitucionalista, por momentos a la sombra de las anteriores en el ánimo de las nuevas generaciones, quizás porque no ha sido preferida en el imaginario popular ni sus líderes fueron consagrados como mártires, tuvo la noble y a la vez compleja tarea de legitimar y legalizar la lucha por el país democrático, así como por las libertades civiles que el maderismo anunció. Otras más se perdieron en la selva de la historia, como el orozquismo, el felicismo y la pléyade de rebeliones de distinto corte ideológico que pintaron de diversas tonalidades el final del periodo porfirista y la década posterior a la caída de don Porfirio.

No pasa desapercibida la intuición de Venustiano Carranza de prever, con visión de Estado, el papel que su liderazgo y el movimiento constitucionalista tendrían en la historia de un México aún sin nacer, pero que su lucha ayudó a hacer realidad para las siguientes generaciones de mexicanos. Sabía de la trascendencia del constitucionalismo como la única fuerza política capaz de dotar a la nación de un marco de legalidad y legitimidad sobre el cual construir un país más justo e incluyente. Quizás por ese motivo no dudó en buscar que su imagen quedara plasmada en el registro fotográfico de la época.

Es notable la claridad con que veía al constitucionalismo como continuador del liberalismo decimonónico triunfante tras la entrada en vigor de la Constitución de 1857. Entendió que no había que inventar un México nuevo, como pretendían otras fuerzas más orientadas a la lucha armada como método de solución de los problemas nacionales, entre ellas marcadamente el villismo y el zapatismo, sino sentar las bases jurídicas para hacer posible –e incluso reformar para actualizar y mejorar– la nación anunciada por Benito Juárez y los liberales de mediados del siglo xix.

Congruentemente con ese principio en su ánimo, siguió los pasos de don Benito Juárez replicando el itinerario de aquel ilustre oaxaqueño: el gobierno provisional de la república asentado en el puerto de Veracruz, y la constitución promulgada en Querétaro un cinco de febrero. Lleno como estaba ese caminar de un elevado valor simbólico, quizás Carranza lo emuló para que trajera buenos y favorables augurios a sus afanes, y vaya que los trajo.

El lector descubrirá que a lo largo de las páginas de este libro se hace un alto en el camino para inquirir sobre la compleja personalidad de quien ha sido llamado el Barón de Cuatro Ciénegas, por momentos tan llena de claroscuros. Demócrata consumado y gobernante experimentado en las lides administrativas que hacen posible hacer constitución al andar, Carranza también desarrolló un temperamento que lo hizo temible a los ojos de aquéllos que ponían en riesgo la realización de su sueño: dotar a México de un marco normativo que permitiera gestionar las diferencias en el ámbito de la política y el orden legal. Fue de una radicalidad contundente cuando se trató de defender a la patria de líderes populistas, o de emisarios de un pasado sin futuro, que ofrecían: unos, prosperidad; los otros, paz; ambas cosas a cambio de balas y fusiles. Para fortuna suya y desgracia de ellos, contó con el respaldo militar de dos poderosos generales: Álvaro Obregón y Pablo González.

Es difícil imaginar hoy el horizonte de amenazas que Carranza tuvo que enfrentar. Ejércitos enteros lo atacaban, quienes se decían sus aliados lo traicionaban y sus leales correligionarios quizás soñaban con la gloria que les esperaba si él dejaba de existir. El país vecino, convertido ya en una potencia económica y militar de primer nivel, participaba en el juego de fuerzas que buscaban un nuevo orden geopolítico mundial; lo anterior en medio de la peor guerra que hasta entonces haya visto la humanidad: la primera Guerra Mundial. Y México –todas las potencias bélicas lo sabían– tenía una inmensa y deshabitada frontera, compartía las aguas de sus mares y sus extensas y despobladas playas con Estados Unidos de América. Ellas pensaban que quien ocupara el territorio mexicano tendría prácticamente asegurada la conquista militar del suelo estadounidense. Fue la lealtad y el amor a México, a su independencia y desarrollo como nación libre, que dio al timonel Carranza la mano firme –por momentos implacable– para conducir al gobierno de la república hacia puerto seguro.

Amables lectores, es gracias a la confianza de Panorama Editorial que estas páginas llegan a sus manos. En ellas quiero honrar la memoria de don Venustiano Carranza como esmerado Pigmalión que ayudó a cincelar el México en que vivimos. A la vez, busca invitar a los jóvenes mexicanos de la actualidad a ser ellos mismos *venustianos carranzas* que, en los ámbitos donde transcurre su vida cotidiana, construyan en el marco de un Estado de derecho y con la ley en la mano, esa patria próspera con justicia social que anhelaron los constituyentes reunidos en Querétaro a finales de 1916 y principios de 1917.

Venustiano Carranza:
el camino del reformador

Cuatro Ciénegas, su cuna

En la sección septentrional del altiplano mexicano, en las coordenadas 102° 03' 59" longitud oeste y 26° 59' 10" latitud norte, a una altura de 740 metros sobre el nivel del mar[1], en un valle flanqueado por una imponente sierra, se localiza el municipio de Cuatro Ciénegas, Coahuila de Zaragoza.[2] Cuenta con una superficie de 10 mil 699.80 km² que representan 7.06% del total de la superficie del estado. Yace sobre el Bolsón de Mapimí, en una cuenca endorreica –cuyas aguas no tienen salida al océano–, que aún en nuestros

---

[1] *Cfr.*, Instituto Nacional para el Federalismo y el Desarrollo Municipal (Inafed), 2017.

[2] El mes de octubre de 2015 tuve la oportunidad de visitar Cuatro Ciénegas por invitación del gobernador de Coahuila, el licenciado Rubén Moreira Valdez, y de realizar un recorrido de observación en el municipio.

tiempos conserva vestigios de un mar prehistórico en lo que hoy es el desierto de Chihuahua.

La imagen desértica contrasta con pozas de agua cristalina, cuyo cobre sedimentado da al fondo un matiz azul y verdoso sólo comparable con el lago Baikal en Rusia. La fauna es atípica para el desierto: peces ciegos, tortugas de bisagra y algunas otras especies endémicas han sobrevivido durante eones. Notablemente, en las pozas sobreviven estromatolitos, la primera forma orgánica que absorbió los gases tóxicos que envolvían la Tierra para liberar el oxígeno que permitiera florecer la vida hace millones de años.

Cuatro Ciénegas es conocida como *la puerta del desierto*. Durante el siglo XVI se registraron diversos intentos, sin éxito, por fundar ahí un pueblo. En el siglo XVII estaba prohibido el paso por esa zona, debido a la presencia de grupos de indios hostiles. Fue hasta el siglo XIX que existieron condiciones para que surgiera un asentamiento humano, el que por cierto quedó integrado por no más de 15 familias. Finalmente, el 24 de mayo de 1800 fue decretada oficialmente la fundación de Cuatro Ciénegas.[3]

La familia Carranza fue una de las que conquistaron el desierto para fundar Cuatro Ciénegas, cuya población pasó de 165 habitantes en 1801 a poco más de 3 mil a mediados del siglo XIX, gracias al descubrimiento de yacimientos de plata en Sierra Mojada.[4] En esa villa nació Venustiano Carranza. Fue el séptimo hijo del matrimonio formado por María de Jesús de la Garza y Jesús Carranza. Sus hermanos fueron: María del Rosario, María Ana, Pascual, Úrsula,

[3] *Historia antigua de Cuatro Ciénegas, 1577-1821*, Gobierno del Estado de Coahuila, Saltillo, 2000.

[4] Javier Villarreal, "Carranza. La formación de un político", en *De la caída de Madero al ascenso de Carranza*, México, Instituto Nacional de Estudios Históricos de las Revoluciones Mexicanas, 2014, pp. 121-132.

Sirenia, Emilio, Pánfila, María Ignacia, Sebastián, María de Jesús, Hermelinda, Jesús, María y María Guadalupe.[5]

Su infancia en ese poblado debió influir en su carácter. En aquellos años la zona era asediada por indígenas hostiles y los pobladores tuvieron que repeler sus ataques, lo que, aunado a una difícil orografía, constituyó el principal impedimento para el desarrollo de la villa. En ese ambiente creció el pequeño Venustiano, cuyo futuro estuvo plagado de enemigos implacables y amenazas inimaginables que pusieron a prueba su amor por México, pero no cualquier México sino la patria anhelada por aquellos mexicanos notables, que bajo el signo del liberalismo político de mediados del siglo xix, nos legaron la Constitución de 1857. Carranza y otros como él se sintieron herederos de ese texto constitucional, y pusieron manos a la obra para hacerlo realidad en la vida de sus contemporáneos. Sin duda, fue Cuatro Ciénegas, el terruño natal, su primer maestro de vida que le enseñó las virtudes de la templanza y la lealtad a los principios a prueba de cualquier fuego, por nutrido que éste fuera.

Existe una discrepancia acerca de la fecha de nacimiento del niño Venustiano. Por una parte, en su acta de nacimiento quedó asentado el 29 de diciembre de 1859, fecha que la mayoría de sus biógrafos ha tomado como cierta. Sin embargo, en su fe de bautismo, fechada el 22 de enero de 1860, el cura Ponciano de Jáuregui refiere que nació seis días antes de celebrado el sacramento, es decir, el 16 de ese mes y año. Por su parte, De la Parra[6] piensa que su nacimiento pudo no ocurrir el 29 de diciembre, sino el 30, ya que

[5] Álvaro Canales, *Venustiano Carranza Garza*, Saltillo, Consejo Editorial del Estado, 2017.

[6] Gonzalo de la Parra, "El estadista de hierro", en *Homenaje a don Venustiano Carranza*, Coahuila, Ediciones Culturales del Gobierno de Sinaloa, 1959.

en ese día la Iglesia católica venera a los santos Honorio, Rogerio, Sabino y Venustiano.

Resulta tan elemental como contundente esta observación porque, por una parte, era –y aún lo sigue siendo aunque en menor medida– una práctica consuetudinaria poner a las niñas y los niños el nombre de la santa o santo bajo cuyo amparo nacían; y por la otra, sería comprensible que se hubiera asentado mal su fecha de nacimiento, ya que por aquel entonces tenía poco tiempo funcionando el Registro Civil, una de las instituciones creadas por Benito Juárez. En ese contexto, puede darse mayor peso a una inferencia producto de la raigambre de una costumbre, que a un dato asentado en un incipiente registro, el cual quizás carecía de los elementos mínimos de rigor por aquel entonces.

Venustiano aprendió sus primeras letras en Cuatro Ciénegas, más tarde se mudaría a Saltillo para estudiar en el Ateneo Fuente,[7] un colegio de corte liberal. En 1874 ingresó a la Escuela Nacional Preparatoria de la Ciudad de México, que dirigía Gabino Barreda. Posteriormente realizó estudios de medicina, pero un grave padecimiento de la vista lo obligó a abandonar esa primera vocación.

Su estancia en la capital del país coincidió con importantes sucesos de la historia nacional que sin duda marcarían su vida: la rebelión de Tuxtepec iniciada por Porfirio Díaz y la consecuente caída del gobierno de Sebastián Lerdo de Tejada, así como la entrada triunfal de quien se perpetuaría en el poder por más de tres décadas.

Frente al Colegio de San Ildefonso en la Ciudad de México, vivía la familia del poeta y libertador cubano José Martí, que había llegado exiliada al país. Con varios de sus miembros el joven

[7] Enrique Krauze, *Puente entre siglos. Venustiano Carranza*, México, Fondo de Cultura Económica, 1987.

Venustiano tuvo una cercana relación; a su hermana Ana la cortejó aunque sin éxito, ya que ella prefirió al poeta Manuel Ocaranza.[8] Posteriormente, Venustiano regresó a su tierra natal, ahí seguiría acumulando vivencias que le permitieron moldear su carácter y sembraron en su espíritu las convicciones e ideales que le acompañarían hasta su muerte.

Los valores de Carranza

Su padre fue el coronel don Jesús Carranza Neira, quien nació también en Cuatro Ciénegas, el 16 de junio de 1813.[9] Fue él quien sembró en su hijo Venustiano un profundo amor hacia la patria, que lo conduciría a ser un hombre congruente con sus principios. El coronel Carranza era un fiel seguidor de Benito Juárez, no sólo fue una pieza fundamental del juarismo en la región, sino que incluso llegó a prestarle dinero al entonces presidente, así como a reunirse con él y recibir del ilustre liberal una importante dotación de tierras. Fiel a las enseñanzas que sembró en su hijo Venustiano, don Jesús se mantuvo leal al juarismo y sus ideales aun durante el colapso de la República.

Sin duda, logró transmitirle a su hijo esa admiración por Juárez que resultó evidente en diversos momentos de su vida. Igual que Juárez, Venustiano Carranza estableció provisionalmente su gobierno en Veracruz; así como la Constitución de 1857, la de 1917

[8] Martín Huerta, "Un amor de Carranza", en *Proceso*, 8 de marzo de 1986, disponible en: <http://www.proceso.com.mx/143182/un-amor-de-carranza>, consultado el 10 de febrero de 2017.

[9] Jesús Carranza Castro, *Origen, destino y legado de Carranza*, México, Costa-Amic Editores, 1977.

se promulgó en Querétaro un 5 de febrero. Indicios de ello podemos encontrar en el discurso que pronunció en noviembre de 1915
durante una visita a Cuatro Ciénegas:

> Esta obra [refiriéndose a la Revolución] pertenece al pueblo me-
> xicano que, secundándome en la lucha y en todas las aspiraciones,
> ha sido mía únicamente por la educación recibida en los primeros
> años. Ha sido, en gran parte, por las ideas inculcadas por mis pa-
> dres. Por esto he creído siempre que la educación y los sentimientos
> inculcados en el hogar son los que permanecen y los que contribu-
> yen, en una nación, en su modo de ser y pueden llevarla, cuando
> todos sus hijos están inspirados en los mismos sentimientos, en su
> engrandecimiento.[10]

En ese mismo discurso el Barón de Cuatro Ciénegas afirmó
que toda persona debe tener a la patria por encima de todos los
cariños y todos los amores. Qué bella herencia recibió Venustiano de su señor padre: el amor a México y la veneración a Benito Juárez; y qué importante legado nos dejó a los mexicanos de
nuestra generación: amar a la patria construyéndola con el trabajo
esforzado de cada día como una madre generosa, capaz de dotar a
sus hijos de una vida próspera, siempre en el marco de un Estado
de derecho.

Su rectitud se manifestó cuando lejos de tomar las armas de
motu proprio como gobernador de Coahuila, solicitó al congreso estatal autorización para desconocer al gobierno de Victoriano Huerta. Esa misma integridad y apego a las leyes la demostró
cuando reformó el Plan de Guadalupe, con la finalidad de convocar

---

[10] Carranza, [Discurso], en *Periódico La Reforma*, Saltillo, 23 de noviembre de 1915, s. p.

a un Congreso Constituyente que plasmara en la constitución el ideario del movimiento constitucionalista. Es decir, lejos de dar un golpe de Estado, acción con la que hubiera violentado aún más el ya fracturado orden constitucional del país, legalizó y legitimó los mejores anhelos de la lucha revolucionaria iniciada en 1910 por el maderismo.

Legitimar y legalizar la Revolución maderista a favor del anti-reeleccionismo fue desde esta primera etapa del largo caminar que le esperaba, una preocupación que inspiró y alentó sus decisiones y sus acciones. Comprendió de inmediato que el apego a la ley iba a ser el único escudo que protegiera la vida democrática recién instaurada en el país del asalto de aquéllos que, con diversas banderas, treparan al poder para lograr sus propósitos egoístas.

Fue el único hombre capaz de poner fin a la guerra interna para construir la paz por medio de un marco legal de avanzada. La rectitud de su padre y los años de su infancia en Cuatro Ciénegas influyeron profundamente en su carácter y pasión por México. Fueron esas cualidades las que le permitieron convertirse en un mexicano universal.

El general Francisco L. Urquizo lo definió como: "Un emblema de dignificación nacional, baluarte de los derechos conculcados un día, refugio de los dignos, brazo demoledor de una tiranía, cerebro organizador de un pueblo hecho ejército, corazón firme de todo para su patria y hombre de una pieza en alma y cuerpo."[11] Por su parte, el general Alberto Salinas Carranza atribuyó a don Venustiano distintas cualidades personales como ser afable, reposado, prudente y generoso.[12]

[11] Francisco Urquizo, *Carranza. El Hombre. El Político. El Caudillo. El Patriota*, México, Edimex, 1970.

[12] Jesús Carranza Castro, *op. cit.*

Jesús Carranza Castro, sobrino de don Venustiano, relata que cuando su tío fue presidente municipal de Cuatro Ciénegas por segunda ocasión en 1894 –lo había sido por vez primera en 1884–, mostró una permanente preocupación por la educación, de ahí que sostuviera frecuentes reuniones con los profesores del pueblo para dar seguimiento a los contenidos que se impartían en las aulas, en los que consideraba fundamental la enseñanza de la historia patria.[13] Relata también que las visitas que hizo a su tierra natal como senador de la república eran motivo de júbilo para los niños pobres de la villa, ya que siempre llegaba cargado de juguetes y libros acordes a las edades de los pequeños que lo esperaban con ansias.

Cuando el coronel Carranza cumplió 77 años decidió distribuir sus bienes entre sus hijos, por lo que les dio a elegir entre los ranchos de ganado y demás propiedades que poseía. El entonces joven Venustiano escogió el rancho menos productivo y de más difícil acceso. Se trataba del rancho Las Ánimas, enclavado en una zona semidesértica de Ocampo y Sierra Mojada, con esta actitud mostró el profundo cariño hacia sus hermanos, además de su generosidad.

A pesar de su juventud, ya había aprendido a vivir en carne propia el sacrificio y a encontrar –paradójicamente– en la vía de la renuncia al beneficio personal, el camino de la grandeza y la trascendencia. Basta imaginar a este mártir empedernido renunciando a los beneficios de ser, primero, un presidente municipal y luego un gobernador por una cuestión de principios. Bien pudo aceptar con sumisión el gobierno de Victoriano Huerta y permanecer en su importante puesto como titular del Poder Ejecutivo de un estado próspero como Coahuila, y quizás soñar con escalar posiciones político-administrativas a nivel nacional haciéndose de la vista gorda

---

[13] Ibídem.

ante la ruptura del Estado de derecho, la cual habría de perpetrarse contra el México de leyes anhelado por Benito Juárez y aquella pléyade de liberales que nos dieron una patria digna y libre.

Venustiano Carranza rechazó el guiño del poder ilegítimamente obtenido y se lanzó, con otros apasionados como él, a la defensa del México digno de libertades construido con sangre por los padres de la Constitución de 1857. Sacrificó su comodidad y prosperidad y las de su familia para enfrentar con la fuerza de las armas a los enemigos de la patria. Al igual que el nombre de Benito Juárez y de Francisco I. Madero, el suyo ya está escrito con letras de oro en la historia nacional y también en nuestra memoria.

El propio Carranza Castro abona a imaginar el carácter del héroe patrio:

> La proverbial sencillez, prudencia y modestia de don Venustiano, inspiraba confianza a las personas que trataban con él cualquier asunto; pues hasta que terminaban de hablar, después de escucharlas con paciencia y atención, tomaba la palabra en tono mesurado, pero convincente, haciendo pausas, a veces largas, demostrando con ello que sus palabras eran el producto de una profunda meditación.[14]

Agrega que: "El honor en el señor Carranza, era lo que más cuidaba y que pudo conservar incólume hasta su muerte. El honor era la cualidad que más destacaba en ese gran hombre. Pudo tener defectos como todo ser humano, pero jamás podrán sus enemigos demostrar que no haya sido un hombre de honor".

Poseedor de una personalidad y un semblante verdaderamente notables, llamó la atención de quienes lo conocieron por su

---

[14] Ibídem, p. 15.

atuendo personal. Como primer jefe del Ejército Constitucionalista solía usar una filipina de color marrón o verde oliva que
recordaba la vestimenta castrense, pero se negó a portar insig-
nias militares y nunca buscó escalar hacia los altos rangos a los
que tenía derecho, por cierto. Incluso la Soberana Convención de
Aguascalientes le ofreció el alto grado de general de división, que
el primer jefe no utilizó. Parecía tener claro su destino: ser presidente constitucional de los Estados Unidos Mexicanos, y desde
esa posición refundar la república sobre la base de un gobierno
nacional moderno, en el marco de un Estado de derecho que in-
corporara una visión social de ejercicio gubernamental. Fue un
verdadero hombre de Estado.

Por su parte, el general Urquizo, quien, sin duda es el biógrafo
más autorizado para escribir acerca del primer jefe, ya que convivió
con él desde que se levantó en armas en 1913 hasta que perdiera la
vida en Tlaxcalantongo, Puebla, enriquece nuestro entendimiento
de sus virtudes cuando afirmó lo siguiente:

> Los que lo conocimos en la intimidad, apreciamos en todo su valer
> los múltiples detalles de su vida política, de su vida pública y priva-
> da, y nos dio el convencimiento del hombre fuerte y puro, justiciero
> y patriota, honrado y leal, valiente y reposado, energético y tenaz,
> sobrio y estoico, callado y firme, progresista y culto, paternal y
> respetable. Honesto hasta la exageración. Pudo haberse enriquecido
> hasta el colmo, en sus manos estuvo el país entero y jamás lo hizo,
> prefirió seguir viviendo con la misma modestia de antes y morir sin
> poder legar a sus hijos ni siquiera una casa de más de lo que tenía
> allá en Cuatro Ciénegas, desde remotos tiempos.[15]

[15] Francisco Urquizo, *Siete años con Carranza*, México, Imprenta España,
1959, p. 25.

Como solía relatar don Isidro Fabela, Carranza era un hombre corpulento y vigoroso, de labios delgados y cabellera blanca, mirada serena y rostro ecuánime. De semblante inexpresivo y receptivo, aunque enérgico si era necesario, su voz era suave y en tono menor, sin modulaciones. Tenía la costumbre de hablar de la misma forma como escribía, es decir, precisando sus pensamientos en frases, a las que nunca agregaba adornos con la finalidad de provocar emociones en quienes lo escuchaban, más bien buscaba sembrar una idea. Cuando hablaba en público le gustaba levantar el acento, pero nunca se dejaba llevar por ráfagas emocionales, por lo que sus discursos eran llanos y terminantes, y si era necesario, enérgicos y duros. La suya era una personalidad noble y digna, sin altivez, propia de su alta investidura. Su presencia inspiraba e imponía respeto, no sólo a causa de su personalidad oficial, sino por su figura majestuosa y actitud de autoridad.[16]

Era un hombre cauto, como apunta Fabela, que no buscaba el peligro pero tampoco huía de él. Su cautela queda expresada en la solicitud que hace a la legislatura local para desconocer a Victoriano Huerta, en su valor cuando toma las armas y en su elevado intelecto al buscar la reforma del orden constitucional. Sólo una persona con las cualidades de Carranza podía, tal como ocurrió, conducir uno de los movimientos sociales más importantes del siglo xx hacia la construcción de un nuevo marco jurídico que permitiera edificar una sociedad más justa en el terreno de los hechos. Quizás por la ausencia de valores como ése, ninguno de los otros líderes revolucionarios pudo aportar a la patria una obra tan trascendente como la de este ilustre coahuilense.

[16] Isidro Fabela, *Su obra y su ejemplo*, México, s. e., 1960.

Como gobernante mostró una versatilidad notable, que fue evidente el 14 de enero de 1918 cuando en su papel de presidente constitucional viajó a las ciudades de Tulancingo y Santiago Tulantepec en el estado de Hidalgo. En la primera, el motivo de la visita fue para conocer la fábrica San Luis, y en la segunda, la instalación fabril Santiago, ambas eran prestigiosas textileras productoras de casimires finos que tenían exportaciones a Europa. Con visión de estadista moderno, sabía que la generación de riqueza material era el único camino para dotar al país de la fortaleza y la autonomía necesarias para garantizar la prosperidad. Durante su estancia en Tulancingo se instaló en una antigua casona del centro de la ciudad notable por sus bellos balcones y arcos de la fachada principal, pero de la que no queda rastro alguno en la actualidad. El presidente Carranza quiso tomar la prosperidad tulancinguense como modelo a imitar en otras regiones del país, pero los dramáticos acontecimientos que marcaron el final de su vida le impidieron llevar su idea a la práctica.

Otro aspecto destacable de su personalidad muy relacionado con su cautela era la inteligencia a la hora de valorar a sus interlocutores. Cada uno de nosotros sabe la importancia de descubrir las verdaderas intenciones de aquellas personas con quienes intercambiamos opiniones y más aún si se tiene, como él, la alta responsabilidad de devolver a la patria su dignidad y libertad, de conducir a buen puerto a los numerosos ejércitos de los que fue primer jefe, y de procurar un gobierno capaz de responder a las necesidades más apremiantes de la mayoría de los mexicanos. Con relación a lo anterior, él solía practicar un curioso procedimiento: disponía su escritorio en la oficina que ocupaba en el Palacio Nacional de manera que su interlocutor estuviera sentado frente a la luz que ingresaba por una ventana y que él le diera la espalda a ésta, de esta forma el otro no podía ver su rostro mientras Carranza tenía la posibilidad de observar nítidamente sus reacciones.

La posteridad conservó en la memoria el hecho notable de que don Venustiano Carranza, poseedor por momentos de un vasto poder en su natal Coahuila y también a nivel nacional, no acumuló riquezas de ninguna índole y murió dejando a sus descendientes un patrimonio bastante modesto. Conservó el sencillo rancho Las Ánimas que heredó de su padre, el coronel Jesús Carranza Neira, y hacia el final de su vida, tras el fallecimiento de la señora Virginia Salinas, su paisana y esposa, rentó la casa ubicada en la calle de Río Lerma número 35, en la Ciudad de México,[17] de cuya curiosa historia hablaré más adelante. Además, cuando fue presidente se negó a vivir en el Castillo de Chapultepec porque lo consideraba demasiado ostentoso.[18]

Lecturas que lo inspiraron

Ningún sitio de aquéllos en los que Carranza desarrolló parte de su vida es tan revelador sobre la manera en que fue formando el ideario que lo alentó, como la casa donde vivió los últimos meses de su vida. Este edificio fue construido por el ingeniero civil Manuel Stampa en 1908. En 1913, la vivienda fue deshabitada y el hidalguense Felipe Ángeles la utilizó como cuartel general de las fuerzas revolucionarias porque estaba ubicada cerca de la estación de ferrocarril Colonia. Posteriormente, la familia Stampa volvió a ocupar el lugar hasta 1919, año en que Carranza, ya como presidente de

[17] Álvaro Canales, *op. cit.*
[18] Ibídem.

la República, la rentó después del fallecimiento de su esposa doña Virginia, ocurrido el 9 de noviembre de ese año.

Ocupó ese inmueble con Julia, una de sus dos hijas, por un periodo de seis meses, hasta el 7 de mayo de 1920, fecha en que partió rumbo a Veracruz. Su cadáver volvió a ese lugar para ser velado en la sala de la propiedad. Entre los salones de esta casa porfiriana de estilo francés, ubicada a unos pasos del Paseo de la Reforma, en la Ciudad de México, se encuentra una interesante colección de libros que formaron parte de su biblioteca.

Al mirar detenidamente los títulos que componen el acervo, los cuales hace cosa de un siglo pudieron haber sido hojeados por última vez por el propio Carranza, puede inferirse su afición por la historia de México y corroborar lo que Luis Cabrera[19] refiere acerca de don Venustiano, en el sentido de que era una enciclopedia aplicada de México.[20]

Resulta evidente su afición por la historia patria, pero también por la historia universal: la de las batallas épicas a lo largo del mundo entero y de manera particular, la de algunos países latinoamericanos. Esta última, sin duda, era de utilidad para comprender los problemas por los que atravesaba México, los cuales, por cierto, no eran privativos del país, sino característicos de la época, así como los acontecimientos ocurridos en las naciones de prácticamente todo el continente: Conquista, Virreinato, Independencia y diversas guerras internas entre facciones lideradas por caudillos.

[19] Luis Vicente Cabrera Lobato (Zacatlán, Puebla, 1876 - Ciudad de México, 1954). Fue un abogado, político, diplomático y escritor mexicano que utilizó el sobrenombre de Lic. Blas Urrea y Lucas Ribera para firmar sus obras. Su pensamiento fue fundamental para la elaboración de la Ley Agraria promulgada el 6 de enero de 1915 por Venustiano Carranza.

[20] Luis Cabrera, *La herencia de Carranza*, México, Instituto Nacional de Estudios Históricos de las Revoluciones Mexicanas, 2015.

Dentro de su biblioteca pueden apreciarse títulos como *Historia verdadera de la Conquista de la Nueva España* de Bernal Díaz del Castillo y *La verdadera aventura de Colón*, que seguramente le permitieron conocer los pormenores de la llegada de los europeos a América, y entre ellos, la de los españoles a Mesoamérica. Destaca *La constitución de 1812 en la Nueva España*, promulgada por las Cortes Generales de Cádiz, España, el 19 de marzo de 1812, que fue no sólo la primera constitución española, sino una de las más liberales de su tiempo.

De igual manera, tres obras de corte biográfico sobre la vida de Leona Vicario, Agustín de Iturbide y Miguel Hidalgo, lo mismo que las obras completas del doctor Rivera, le permitieron comprender el proceso de independencia de la nación mexicana. Carranza abrevó también del pensamiento de Lucas Alamán, Justo Sierra e Ignacio Manuel Altamirano. Aprendió acerca de las guerras de México y también de las de Estados Unidos. Asimismo, se interesó por la historia, entonces moderna, de países hispanoamericanos como Cuba, Chile, Uruguay, Colombia, Venezuela y Argentina, entre otros.

La historia y la literatura universales le fueron cautivadoras, así lo demuestran libros como las *Memorias de la duquesa de Abrantes*, *El Quijote de la Mancha*, *La Revolución francesa* o *Historia de los salones de París*. También conoció la historia del Imperio romano por medio de la pluma de Tito Libio, y de Grecia a través de Plutarco. Estudió a personajes como Porfirio Díaz y Maximiliano de Austria, analizó momentos importantes de la historia patria como la Revolución de Tuxtepec, la Independencia de Texas o la Guerra de Reforma. Su admiración por Benito Juárez seguramente se acrecentó al entender su vida y obra; y a ésta se agregaron otros personajes como Miguel Hidalgo, Thomas Jefferson y Napoleón Bonaparte.

Si el conocimiento histórico es la mayoría de las veces indiciario, en el sentido de que las fuentes apenas nos proveen de indicios –pistas–, unos directos e inmediatos, otros apenas el pálido reflejo de un pasado que se rebela a ser descubierto, hurgar en la mentalidad o visión del mundo de un personaje resulta, sobra decirlo, una aventura incierta. Sin embargo, en el caso de Venustiano Carranza hay algunos títulos de su biblioteca que hacen posible adivinar intereses más allá de las historias de vida de los grandes conquistadores o de las hazañas de pueblos y naciones.

La obra *De qué sirve la filosofía. Estudio sobre la soberanía del pueblo* nos hace pensar en un estratega interesado en temas de filosofía política, es decir, en el trasfondo de ideas acerca de las formas de convivencia de los seres humanos en el marco de una civilización. ¿Tenía acaso la certeza de que el destino tocaría a su puerta con la misión de participar en la refundación de la patria que lo vio nacer? Otro título sugerente es *La filosofía en Nueva España*, un libro que debió conducirlo por los caminos de la escolástica o quizás por los del humanismo moderno: ¿fue acaso su búsqueda interior, la compañera de sus últimos tiempos?

Además, se pueden encontrar libros de geografía, teatro y hasta la biografía de George Stephenson, el ingeniero británico que construyó la primera línea de ferrocarril pública que utilizó locomotoras movidas por vapor. ¿Qué le habrá dicho a su lector la historia de un hombre que tuvo la capacidad de convertir un genial descubrimiento en algo útil y práctico para las personas y los pueblos? ¿Pensaba acaso en la importancia de haber convertido la bondad de los principios del liberalismo decimonónico de la Constitución de 1857, en un nuevo orden jurídico de aplicabilidad directa e inmediata en la creación de un Estado de derecho vivo en la vida cotidiana de las personas?

Los atributos adquiridos desde su infancia en Cuatro Ciénegas, mezclados por su inusual cultura, su conocimiento de la historia nacional e incluso mundial y la experiencia que adquirió a lo largo de su vida, en la que siempre fueron un común denominador los avatares de una nación que estaba en proceso de consolidación, dieron forma a quien se convirtió en primer jefe del Ejército Constitucionalista y, a partir del primero de mayo de 1917, en presidente constitucional de los Estados Unidos Mexicanos.

Su vida política en Coahuila

Si bien en su acta de matrimonio civil, con doña Virginia Salinas el 5 de abril de 1882,[21] quedó asentado que la ocupación de don Venustiano era labrador,[22] su vida dio un giro hacia el servicio público y la política. En Cuatro Ciénegas fue juez del municipio, posteriormente contendió para ser presidente municipal, cargo del que resultó electo con 310 votos en 1886,[23] contra el más cercano de sus contrincantes que obtuvo 4 votos.

Duró en el puesto únicamente 130 días porque renunció debido a un desencuentro con el gobernador de Coahuila, que en aquella época era José María Garza Galán, quien intentó presionar a los munícipes de la entidad para expedir un escrito en el que afirmaran que la situación por la que atravesaba la entidad era palpablemente bonancible.[24]

[21] Álvaro Canales, *op. cit.*
[22] Javier Villarreal, *op. cit.*
[23] Ibídem.
[24] Ibídem.

Garza Galán se había posicionado como hábil combatiente de los comanches que asolaban Coahuila, por lo que fue impuesto como gobernador por el general Gerónimo Treviño, originario de Nuevo León y operador de los así llamados *Científicos* de Porfirio Díaz, en el norte del país. Tras ocho años en el poder, Garza Galán intentó reelegirse. Venustiano, siguiendo a su hermano Emilio se levantó en armas, generando la única rebelión estatal durante el Porfiriato que tuvo éxito, tal como lo afirma el historiador Luis Barrón.[25]

En 1894 regresó con gran éxito como titular del Poder Ejecutivo en su municipio. Su buena gestión como alcalde y la buena relación que sostenía con Bernardo Reyes, quien en 1900 fuera nombrado secretario de Guerra y Marina por Porfirio Díaz, le permitieron catapultar su carrera política fuera de Cuatro Ciénegas.

Fue diputado local y diputado federal suplente; además, senador suplente en 1901 y en 1903 senador propietario. En septiembre de 1908 el entonces gobernador de Coahuila, Miguel Cárdenas, solicitó licencia por 60 días, por lo que pese a que no era del total agrado del presidente Díaz, Carranza fue designado como gobernador interino.

El 27 de febrero de 1909 lanzó su candidatura a gobernador constitucional de su natal Coahuila, sin embargo, el candidato de Porfirio Díaz era Jesús de Valle, por lo que tuvo que tomar su papel como candidato de oposición, situación que lo acercó a otro destacado político coahuilense, oriundo de Parras, Francisco I. Madero, quien en su libro *La sucesión presidencial en 1910* había lanzado una fuerte crítica hacia el general Díaz así como defendió una posición a favor de la democratización del país.

---

[25] Luis Barrón, *Carranza, el último reformista porfiriano*, México, Tusquets, 2009.

Tras llevarse a cabo las elecciones, el poder del grupo de los Científicos se impuso y fue electo como gobernador Jesús de Valle. Sin embargo, con el triunfo de la Revolución maderista, Carranza se convirtió en ministro de Guerra y Marina en el gabinete del presidente Madero, cargo del que dimitió para volver a su estado natal, primero como gobernador interino a partir del 28 de mayo de 1911 y posteriormente como gobernador constitucional electo para el cuatrienio 1911-1913.[26]

Durante su gestión como gobernador, Carranza dio muestra de gran sensibilidad social. Una vez más se esforzó por impulsar la educación pública, el acceso a la salud, el mejoramiento de las comunicaciones y promulgó leyes que protegieran a la clase trabajadora. Creó la Ley de Accidentes de Trabajo, instauró la Dirección de Instrucción Pública y buscó conceder a los municipios independencia plena, aspectos que a la postre se impulsaron también en la Constitución de 1917. Ya en esta etapa de su desarrollo como gobernante se podía percibir la vocación de servicio a favor del bien común, que es propia de un estadista.

[26] Josefina Moguel, "Venustiano Carranza: Equilibrio de la Revolución", en *De la caída de Madero al ascenso de Carranza*, México, Instituto Nacional de Estudios Históricos de las Revoluciones Mexicanas, 2014, pp. 133-157.

Del Plan de Guadalupe a la Soberana Convención de Aguascalientes:
por el camino de las instituciones

> El Plan de Guadalupe no es ni podrá ser un
> programa de gobierno ni un plan revolucionario,
> sino un plan político, sencillo como es.[1]

El sendero de su infancia en Cuatro Ciénegas a la gubernatura del estado de Coahuila, condujo a Venustiano Carranza a encontrarse con los caminos de la república, es ahí en ese punto que su trayectoria adquirió un carácter público a nivel nacional y, también por su trascendencia, repercusión universal.

La historia que va de la llegada de Porfirio Díaz al poder y la insurrección antirreeleccionista de Francisco I. Madero contra el régimen de Díaz, el periodo del maderismo en la Presidencia de la República, el derrocamiento del gobierno de Madero por Victoriano Huerta, y la rebelión del movimiento constitucionalista contra éste,

---

[1] Venustiano Carranza, *El Constitucionalista. Periódico Oficial del Gobierno Constitucionalista de la república mexicana*, núm. 87, 16 de julio de 1914, p. 1.

resultan determinantes para valorar en su justa medida el tamaño de los retos que Venustiano Carranza tuvo que encarar y superar, así como su amor a la patria y su vocación por establecer firmemente un Estado de derecho en México, que permitiera avanzar hacia la construcción de un país próspero y con mayor justicia social. Repasemos de manera breve estas etapas de nuestra historia.

El despertar antirreeleccionista

Porfirio Díaz había participado decisivamente con Benito Juárez a favor de la instauración de una república liberal en el país. Ocupó la presidencia del país en varias ocasiones desde 1887, a raíz de la Revolución de Tuxtepec, la cual estaba inspirada en el plan homónimo, y que le permitió oponer el principio de no reelección al continuismo que buscaba el gobierno de Miguel Lerdo de Tejada, quien era el sucesor de Juárez en la Presidencia de la República a la muerte de este último.

Con excepción de un periodo de cuatro años entre 1880 y 1884, en los que ocupó la silla presidencial Manuel González Flores, Díaz gobernó México hasta el 25 de mayo de 1911, cuando la Cámara de Diputados federal aceptó su renuncia tras lo cual se exilió en la ciudad de París hasta su muerte. Sus restos yacen en el Panteón de Montparnasse.

Hacia 1900 habían surgido en el país diversas expresiones de descontento ante la falta de democracia y la desigualdad social existentes durante el Porfiriato. Las agrupaciones, tanto de católicos como de liberales y los grupos obreros de inspiración izquierdista iniciaron diversas rebeliones contra el régimen porfiriano. En especial, las huelgas de trabajadores en las minas de Cananea, Sonora, en 1906, y Río Blanco, Veracruz, en 1907, junto con la decisión de Díaz de no designar al regiomontano Bernardo Reyes como vicepresidente en las elecciones de 1910, y consecuentemente como su virtual sucesor, abrieron el camino a un clima de insurrección cada vez más generalizado.

El presidente Díaz preocupado ante la posibilidad de enfrentar una rebelión armada de Reyes, quien contaba con el apoyo del movimiento antirreeleccionista cada vez más nutrido, lo envió en misión diplomática a Europa en septiembre de 1909. El beneficiario principal de esa decisión fue Francisco I. Madero, un coahuilense miembro de una encumbrada familia de empresarios y hacendados, cuya iniciativa contra una nueva reelección de Díaz recibió el soporte del reyismo y con éste, de numerosos partidarios tanto de la clase alta como de las clases media y popular.

La insurrección maderista

Madero dedicó el resto del año 1909 a la creación de clubes antirreeleccionistas, cuyos delegados participaron en una convención nacional de la que resultó la creación del Partido Nacional Antirreeleccionista. Este organismo político postuló a Madero como su candidato a la Presidencia de la República en las elecciones de 1910 y al líder reyista Francisco Vázquez Gómez como vicepresidente.

Durante las elecciones de ese año, en las que resultó nuevamente ganador don Porfirio ahora con Ramón Corral como vicepresidente, Madero fue acusado de rebelión y encarcelado en una prisión de San Luis Potosí. Al poco tiempo huyó a Estados Unidos y se refugió en la ciudad de San Antonio, Texas. El coahuilense y un grupo de colaboradores leales al movimiento antirreeleccionista redactaron allá el plan al que llamaron de San Luis Potosí, mediante el cual convocaron al estallido de la lucha armada contra el régimen de Díaz, el 20 de noviembre de 1910.

En febrero de 1911, Madero regresó al país para encabezar la lucha entonces fortalecida por grupos norteños en Sonora, Durango y Coahuila; así como por sureños en Morelos y Guerrero. A mediados de mayo ocurrió el primer triunfo militar sustantivo: la caída de Ciudad Juárez en Chihuahua, de la que se derivaron los tratados entre el gobierno porfirista y la Revolución maderista. Los Tratados de Ciudad Juárez se firmaron el 21 de mayo de 1911 entre el presidente Porfirio Díaz –representado por Francisco S. Carvajal–, y Francisco I. Madero, José María Pino Suárez y Francisco Vázquez Gómez, por parte del antirreeleccionismo. Uno de los asuntos pactados fue precisamente la renuncia del general Díaz como presidente de la república a más tardar ese mismo mes de mayo.

En ese punto, la lucha antirreeleccionista dejó de ser primordialmente de clases medias con carácter urbano y se extendió aún más al ámbito rural y popular. Los alzamientos de Pascual Orozco y Francisco Villa, ambos en Chihuahua, y de Emiliano Zapata, en Morelos, ocurrieron precisamente en esa etapa. Es así como una insurrección con fines exclusivamente antirreeleccionistas se convirtió en una revolución con propósitos no sólo políticos, sino también sociales, incluyendo los de carácter agrario. Más tarde esto sería determinante en la conformación del movimiento constitucionalista encabezado por Venustiano Carranza.

Además, los Tratados de Ciudad Juárez establecieron que Porfirio Díaz sería sustituido por Francisco León de la Barra, entonces secretario de Relaciones Exteriores, quien recibió la encomienda de desarmar a los grupos rebeldes y organizar nuevas elecciones federales. Pascual Orozco y Emiliano Zapata se negaron a entregar las armas y se enfrentaron al nuevo gobierno de De la Barra. A su vez, Madero refundó el Partido Nacional Antirreeleccionista como Partido Constitucional Progresista.

La nueva organización política postuló a don Francisco como presidente para las elecciones de 1911, esta vez acompañado en la vicepresidencia ya no por el reyista Vázquez Gómez, sino por José María Pino Suárez. La decisión política de no otorgar una adecuada representación al componente reyista en el gobierno resultó determinante en los sucesos posteriores. Madero inició así en un estado creciente de soledad el recorrido por caminos plagados de peligros.

El gobierno maderista

En las elecciones de octubre de 1911, Madero y Pino Suárez resultaron electos como presidente y vicepresidente, respectivamente. Sin embargo, su arribo a la máxima instancia del gobierno nacional quedó marcado de forma fatal por acérrimos enemigos con la presencia del reyismo resentido, el zapatismo hostil del Plan de Ayala y el orozquismo insurrecto. A la vez, una encarnizada campaña crítica en la prensa creó en la opinión pública un clima de desconfianza hacia la administración maderista. Las grandes expectativas provocadas por el ascenso de un gobierno elegido democráticamente fueron opacadas por resistencias aquí y allá.

A pesar de su brevedad, el gobierno de Madero logró cambios que resultaron determinantes para la continuidad de la vida democrática de la nación y posteriormente en la formación del movimiento constitucionalista de Carranza. Numerosos líderes políticos de la élite porfiriana fueron reemplazados por autoridades provenientes de la clase media electas de forma libre, el poder omnímodo del gobierno federal durante las décadas anteriores cedió el paso a una mayor fortaleza y autonomía de los gobiernos locales, al mismo tiempo, los poderes legislativo y judicial también resultaron fortalecidos.

El régimen maderista hizo posible un clima de mayores libertades civiles y respeto hacia el derecho de libre asociación de los obreros y campesinos, favoreciendo así el surgimiento de organizaciones representativas de esos sectores y la resultante proliferación de huelgas y ocupaciones de tierras. El constitucionalismo se vio beneficiado con la experiencia política en materia de construcción de consensos, y alianzas con agrupaciones obreras y campesinas que algunos de sus líderes desarrollaron entonces.

Esa situación fue aprovechada en 1912 por Bernardo Reyes y Félix Díaz –sobrino del expresidente– para encabezar movimientos de oposición contra Madero, argumentando que el gobierno maderista había creado una situación de ingobernabilidad en el país. Por su parte, Pascual Orozco y Emiliano Zapata, uno en el norte y otro en el sur, continuaron con sus propias rebeliones antimaderistas.

El ocaso del maderismo

Durante 1912, el Ejército orozquista –antiguo aliado del maderismo en 1910 contra el gobierno de Porfirio Díaz–, esta vez organizado en torno al llamado Plan de la Empacadora, dominó por completo al estado de Chihuahua y se expandió a Coahuila, Sonora y Durango hasta alcanzar Zacatecas y San Luis Potosí. La respuesta de Madero fue realizar una vasta campaña militar para derrotarlo, para lo cual nombró a Victoriano Huerta al frente del Ejército Federal, y designó a Francisco Villa y sus tropas, antiguos compañeros de lucha de Pascual Orozco contra el régimen porfirista, como miembros de las fuerzas federales. En apoyo a la iniciativa maderista, los gobernadores de Sonora –José María Moytorena– y Coahuila –Venustiano Carranza– pusieron al frente de sus contingentes armados a Álvaro Obregón y a Pablo González, respectivamente.

Huerta, al frente del Ejército maderista, derrotó a las tropas de Orozco con el apoyo de fuerzas villistas, gonzalistas y obregonistas. A principios de 1913, Huerta enfrentó un nuevo alzamiento armado, esta vez de los reyistas y felicistas, seguidores de Félix Díaz, los derrotó y se convirtió en un poderoso caudillo militar dentro del propio gobierno democrático y liberal de Madero.

Entre el 9 y el 18 de febrero de ese mismo año ocurrió la llamada Decena Trágica, periodo de diez días transcurrido entre el levantamiento armado del general Manuel Mondragón, que hizo posible la liberación de Bernardo Reyes y Félix Díaz, encarcelados tras su derrota, y el Pacto de la Ciudadela. Este pacto fue firmado entre Huerta y Félix Díaz en la sede diplomática del gobierno de Estados Unidos de América, en presencia del embajador norteamericano Henry Lane Wilson, razón por la que se le conoció también como Pacto de la Embajada.

El Pacto de la Ciudadela señalaba en su primer apartado que desde el momento de su entrada en vigor se daba por inexistente y desconocido el Poder Ejecutivo en funciones, así como el compromiso de los elementos representados por el general Díaz y el general Huerta de impedir, por todos los medios, el restablecimiento del susodicho poder.[2]

---

[2] Javier Garciadiego, *La Revolución mexicana. Crónicas, documentos, planes y testimonios*, México, UNAM, 2005.

Al día siguiente, el 19 de febrero de 1913, Huerta consiguió la renuncia del presidente Madero y el vicepresidente Pino Suárez por la fuerza:

> Ciudadanos secretarios de la H. Cámara de Diputados: En vista de los acontecimientos que se han desarrollado de ayer acá en la nación y para mayor tranquilidad de ella, hacemos formal renuncia de nuestros cargos de presidente y vicepresidente respectivamente para los que fuimos elegidos. Protestamos lo necesario. México 19 de febrero de 1913. Francisco I. Madero, José Pino Suárez. Rúbricas.[3]

El órgano legislativo aceptó la renuncia y designó como presidente a Pedro Lascuráin, ministro de Relaciones Exteriores. A su vez, Lascuráin nombró a Victoriano Huerta como secretario de Gobernación de su gabinete, con el no declarado propósito de que este último asumiera la presidencia interina tras su renuncia, ocurrida apenas 48 minutos después de haber tomado posesión del cargo, este acontecimiento se convirtió en el mandato presidencial más breve de la historia nacional.

Por medio del Pacto de la Ciudadela, Huerta y Díaz desconocieron el gobierno encabezado por Madero y tras un golpe de Estado ocurrido el día 22 de ese mismo mes de febrero, este último y el vicepresidente Pino Suárez fueron fusilados en la plaza de la Ciudadela de la Ciudad de México por fuerzas leales a Huerta.

Durante su gobierno, Huerta aglutinó a las fuerzas políticas que habían sido desplazadas del poder por Madero y por el movimiento antirreeleccionista, a las cuales él mismo había enfrentado militarmente con anterioridad. Los seguidores de Félix Díaz,

---

[3] Luis Garfias, *La Revolución mexicana*, México, Panorama, 2015.

Bernardo Reyes y hasta de Pascual Orozco, así como el Ejército Federal e importantes hacendados y empresarios urbanos, respaldaron el régimen huertista. No obstante, un factor determinante para su debilitamiento provino del país vecino, ya que la administración encabezada por el presidente estadounidense William Taft, del partido republicano, fue sustituida por la del demócrata Woodrow Wilson, quien era más afín a los ideales del maderismo.

El amanecer de la insurrección constitucionalista contra Huerta

El 19 de febrero de 1913, al día siguiente de la promulgación del Pacto de la Ciudadela, Huerta hizo llegar a los gobernadores de las distintas entidades del país una circular telegráfica en la que consumaba su insurrección contra el gobierno de Francisco I. Madero:

> Autorizado por el Senado, he asumido el Poder Ejecutivo, estando presos el presidente y su gabinete.
>
> V. Huerta.[4]

Contrario a lo que podría imaginarse, la llegada al poder de Huerta fue aceptada en prácticamente todo el país, incluso en los estados gobernados por maderistas como San Luis Potosí, Michoacán o Tabasco.

Cuando Venustiano Carranza recibió el telegrama, suponiendo que lo afirmado fuera cierto, advirtió que el Senado no estaba facultado para designar a Huerta como titular del Poder Ejecutivo de la

---

[4] Jesús Carranza Castro, *op. cit.*, pp. 145.

nación. Es en ese momento histórico cuando mostró su pensamiento de avanzada y su irrestricto respeto a la constitución vigente desde 1857. Aun cuando contaba con cerca de 500 hombres montados con quienes pudo rebelarse contra el gobierno de Huerta, optó por acudir al congreso local para solicitar su autorización acerca de la postura que el gobierno del estado debía tomar:

> Con fecha de ayer y procedente de México, recibí el siguiente telegrama del general Victoriano Huerta: "Autorizado por el Senado, he asumido el Poder Ejecutivo, estando presos el presidente y su gabinete".
>
> El telegrama preinserto es por sí solo insuficiente para explicar con claridad la delicada situación por la que el país atraviesa; más como el Senado conforme a la Constitución, no tiene facultades para designar al primer magistrado de la nación, no puede legalmente autorizar al general Victoriano Huerta para asumir el Poder Ejecutivo y, en consecuencia, el expresado general no tiene legítima investidura de presidente de la república. Deseoso de cumplir fielmente con los sagrados deberes de mi cargo, he creído conveniente dirigirme a esta Honorable Cámara para que se resuelva sobre la actitud que deba asumir el Gobierno del estado en el presente trance con respecto al general Huerta, que por error o deslealtad, pretende usurpar la primera magistratura de la República. Esperando que la resolución de este Honorable Congreso esté de acuerdo con los principios legales y con los intereses de la patria, me es grato renovar a ustedes las seguridades de mi distinguida consideración y particular aprecio.
>
> LIBERTAD Y CONSTITUCIÓN
>
> Saltillo, 19 de febrero de 1913.
>
> V. Carranza[5]

---

[5] Jesús Carranza Castro, *op. cit.*, pp. 145-146.

Ese mismo día, el Congreso emitió su dictamen al respecto, el cual formó parte del decreto 1421, emitido por el gobernador Carranza:

Venustiano Carranza, gobernador Constitucional del estado libre y soberano de Coahuila de Zaragoza, a sus habitantes sabed:

Que el Congreso del mismo, ha decretado lo siguiente: El XXII Congreso Constitucional del estado libre, independiente y soberano de Coahuila de Zaragoza decreta:

Número 1421.

Artículo 1º. Se desconoce al general Victoriano Huerta en su carácter de jefe del Poder Ejecutivo de la República, que dice él le fue conferido por el Senado; y se desconocen también todos los actos y disposiciones que dicte con ese carácter.

Artículo 2º. Se confieren facultades extraordinarias al ejecutivo del estado en todos los ramos de la administración pública para que suprima lo que crea conveniente y proceda a armar fuerzas para coadyuvar al sostenimiento del orden constitucional de la república.

Económico. Excítese a los gobernadores de los demás estados y a los jefes de las Fuerzas Federales, Rurales y Auxiliares de la Federación para que secunden la actitud del Gobierno del estado.

Dado en el Salón de Sesiones del H. Congreso del Estado en Saltillo, a los diez y nueve días del mes de febrero de mil novecientos trece.[6]

___

[6] *Decreto 1421 del 19 de febrero de 1913*, emitido por el XXII Congreso Constitucional del Estado Libre, Independiente y Soberano de Coahuila de Zaragoza, en línea: <http://www.cultura.gob.mx/centenario-ejercito/decreto_1421.php#prettyPhoto/0/>, consultado el 15 de febrero de 2017.

En un manifiesto dado a conocer al pueblo de Arteaga el 4 de marzo de 1913, Venustiano Carranza evidencia, con aguda visión de Estado, una vez más su respeto a la Constitución de 1857 vigente en aquel entonces y su convicción de que sólo por medio del respeto a los derechos de los ciudadanos puede mantenerse el orden constitucional. Ahí reconoció que los derechos del hombre son la base y el objeto de las instituciones sociales, razón por la que los poderes hacen mal en apoyar su fuerza, su respeto y su prestigio en un motín militar. Y si tal cosa ha ocurrido a la primera magistratura de la nación, corresponde a los estados federales, en su más perfecto derecho, reaccionar a fin de restablecer el orden constitucional.

Este proceso encaminado a legalizar el movimiento armado para deponer a Huerta, se vio consolidado en el Plan de Guadalupe (véase Anexo 1), el cual recibe ese nombre por haberse firmado durante una reunión convocada por Carranza, en la que se dieron cita 70 jefes y oficiales en la Hacienda de Guadalupe, en Coahuila.

El momento en que ocurrió la histórica redacción y firma del Plan de Guadalupe, fue narrado por Alfredo Breceda, secretario particular de Carranza, con palabras que reflejan la intensa emoción del momento. El día 26 por la mañana almorzaron barbacoa, carne asada, café caliente y tortillas de maíz.[7] Después fue requerido por el gobernador Venustiano Carranza para entrar, ellos dos solos, a la pieza que hacía las veces de comedor de la hacienda, tras lo cual se sentaron en la mesa a manera de un improvisado escritorio. En un ambiente que el secretario calificó como de una cuestión íntima y delicada, y contando con papel y tinta, se sentó enfrente del gobernador, con quien previamente había platicado del asunto que ahí los convocaba. Entonces dio comienzo la elaboración del plan,

[7] Alfredo Breceda, *México revolucionario*, tomo I, Madrid, Tipografía Artística, 1920.

al tiempo que Carranza se esforzaba por pensar en forma literaria sus ideas.

Una vez concluida la redacción del plan, Carranza envió a Breceda con los jefes revolucionarios, quienes tras hacer algunas modificaciones menores devolvieron el escrito para ser firmado el 26 de marzo de 1913, y promulgado el 31 de ese mes y año en Eagle Pass, Estados Unidos. Incluía siete artículos que buscaban hacer un llamado a toda la sociedad para tomar las armas y restablecer el orden constitucional. Cabe señalar que el escritorio donde fue firmado el histórico plan se conserva aún entre el mobiliario del edificio que alberga el Palacio de Gobierno del estado de Coahuila.

En este punto del caminar de Carranza por el sendero del Estado de derecho, ya había quedado establecido el diálogo de sordos entre su vocación legalista y el uso de las armas, entre el accionar político y administrativo de un gobernante efectivo –en el que demostró ser un maestro consumado–, y el de personajes poderosos con aspiraciones de tiranos.

El 19 de abril en Monclova, se reunieron los representantes de los gobiernos de Sonora y Chihuahua para adherirse al Plan de Guadalupe. Designaron al hermano del gobernador de Sonora, Roberto V. Pesqueira, como agente confidencial en Washington con la misión de operar a favor del reconocimiento de Estados Unidos al gobierno de Carranza.

Carranza con la mira puesta en un nuevo orden constitucional

Carranza emprendió un proceso de reforma al marco normativo que entonces imperaba en el país con las facultades que le confirió el congreso de Coahuila y las derivadas del Plan de Guadalupe, en su versión original y adicionada. Él amplió y modificó las leyes existentes, además de que generó nuevas normas y reformas a la Constitución de 1857.

Todo ello muestra el espíritu reformador del entonces primer jefe del Ejército Constitucionalista y su apego a la legalidad, lo cual iría acrecentando en su ánimo la posibilidad de establecer un nuevo orden constitucional por medio de la completa renovación de la ley suprema, la Constitución.

El 24 de diciembre de 1913, en un discurso que pronunció en Hermosillo, Sonora, manifestó lo siguiente:

> Tenemos centenares de ciudades que no están dotadas de agua potable y millones de niños sin fuentes de sabiduría, para informar el espíritu de nuestras leyes. El pueblo ha vivido ficticiamente, famélico y desgraciado, con un puñado de leyes que en nada le favorecen. Tendremos que removerlo todo. Crear una nueva constitución cuya acción benéfica sobre las masas nada, ni nadie, pueda evitar.[8]

El 4 de febrero del siguiente año, mediante el Decreto número 20, ordenó que las disposiciones de todas las autoridades civiles y militares incluyeran el lema: *Constitución y reformas.*

El 1 de octubre de 1914, en la Ciudad de México, Carranza pronunció ante los asistentes de la convención de jefes revolucionarios con mando de tropa un discurso (véase Anexo 2) en el que planteaba 10 reformas, dentro de las que destacan la libertad municipal, el reparto agrario, el reconocimiento de los derechos de la clase obrera, la nulidad de contratos y concesiones inconstitucionales, entre otros.

---

[8] Jesús Carranza Castro, *op. cit.,* pp. 199-200.

Su profunda convicción de que el país necesitaba un marco jurídico renovado, que abriera las puertas a una nueva era de prosperidad con justicia social iba abriéndose paso por los intrincados caminos de la política.

Al día siguiente y haciendo eco del ánimo que prevalecía en Carranza, Luis Cabrera, el abogado y político poblano cuyo pensamiento político y social dejó una profunda huella en el ideario del carrancismo, planteó a los jefes revolucionarios la necesidad de formular una nueva constitución que fuera adecuada a las necesidades del país.

Tras el traslado de la convención a la ciudad de Aguascalientes el 5 de octubre siguiente, ésta adoptó el día 30 de ese mismo mes el Plan de Ayala del Ejército Libertador del Sur.

La decisión de la asamblea revolucionaria de desconocer a Venustiano Carranza como primer jefe y nombrar a Eulalio Gutiérrez como presidente de la república, provocó que el primero abandonara las negociaciones y marchara al puerto de Veracruz, que en ese entonces se encontraba ocupado por los marines estadounidenses, y que estableciera ahí la sede del Poder Ejecutivo de la nación el 17 de noviembre de 1914.

Esa fue la primera vez que Venustiano Carranza emuló al personaje de la historia nacional que más admiraba: Benito Juárez. Como el oaxaqueño, marchó con la fuerza del derecho al puerto de Veracruz, llevando aquél la república liberal a cuestas, mientras al coahuilense le daba la razón su vocación a prueba del fuego por hacer valer los acuerdos políticos logrados entre todas las fuerzas que se rebelaron contra la tiranía de Huerta en 1913. Más tarde, también el jefe máximo haría suyos los senderos del juarismo un mes de febrero en la ciudad de Querétaro. Era ya por aquel entonces un nuevo *Benito Juárez* en los albores de un siglo que vería a nuestra patria crecer hasta ocupar un lugar entre las naciones más importantes del orbe.

La decisión del villismo y del zapatismo de declarar la guerra al movimiento constitucionalista encabezado por Carranza marcó un hito en los acontecimientos de aquellos días, que la memoria de la patria no olvidaría. A partir de entonces ya no es posible hablar de una Revolución mexicana, como en ocasiones intentan hacer creer algunos historiadores, porque claramente la insurrección contra Huerta, alguna vez unificada en torno al Plan de Guadalupe, se convirtió en al menos dos corrientes principales: por una parte, el constitucionalismo, heredero continuador y reformador de los afanes democráticos del antireeleccionismo maderista; y por la otra, más allá de la vía institucional, ocuparon las planas de los periódicos de la época una serie de movimientos y ejércitos comandados por líderes con apego a las armas y propuestas populistas, que si bien tenían elementos muy valiosos de carácter social, carecían de la visión de Estado para convertirse en opciones factibles de gobierno por la vía de la política.

Mientras el jefe máximo marchaba hacia Veracruz, la División del Norte comandada por Villa avanzó hacia la capital del país y los zapatistas ocuparon Puebla en su camino hacia la Ciudad de México. Carranza aprovechó su paso por las ciudades de Córdova y Orizaba para crear la Comisión de Legislación Social, al interior de la Secretaría de Instrucción Pública y Bellas Artes de su gobierno itinerante, a cargo de Félix Palavicini, la cual tuvo una importancia notable en el curso de los acontecimientos que tomó el movimiento constitucionalista.

"Integrada por antiguos miembros de la XXVI Legislatura maderista con Eliseo Arredondo, José N. Macías y Luis Manuel Rojas –de más de 40 años–, y Alfonso Cravioto y otros políticos e intelectuales más jóvenes. Esta Comisión o Sección de Legislación Social [...] formuló adiciones al Plan de Guadalupe el 12 de diciembre de 1914."[9]

El 5 de febrero de 1915, el periódico *El Constitucionalista* hizo público el argumento sobre la imperiosa necesidad de formular una nueva constitución, una posición que sostenía el gobierno de Carranza y que el propio Palavicini puso en marcha:

> Los decretos que abordaban los problemas sociales podían estar en pugna con la Constitución de 1857, que garantizaba el derecho de propiedad sin limitaciones ni taxativas... puesto que modificaciones de esta índole, que tenían que trastornar política y económica del país, no podrían decretarse por congresos ordinarios... [y] era ineludible la convocatoria a un congreso extraordinario que tuviera el carácter de Constituyente, para que la nación contara con una nueva Carta fundamental.[10]

Entre el 26 y el 28 de enero de 1915, Félix Palavicini sumó cinco artículos a otros publicados por funcionarios como Isidro Fabela, Dr. Atl, Luis Cabrera y Roque Estrada. En ellos planteó que, una vez lograda la derrota militar de Francisco Villa y previa la integración de los poderes locales y federales, fuera convocada una asamblea constituyente que se encargara de reformar la Constitución de 1857.

Al poco tiempo de su llegada al puerto de Veracruz y del establecimiento de su gobierno en esa ciudad, el 12 de diciembre de

---

[9] Lucio Cabrera, *La Suprema Corte de Justicia, la Revolución y el Constituyente de 1917 (1914-1917)*, México, Suprema Corte de Justicia de la Nación, 2017, disponible en: <https://archivos.juridicas.unam.mx/www/bjv/libros/2/930/3.pdf >, consultado el 15 de febrero de 2017.

[10] Ibídem, p. 22.

1914, Carranza emitió un decreto que contenía adiciones al Plan de Guadalupe (véase Anexo 1).

Nuevamente este acto demostró, en el terreno de los hechos, que el primer jefe tenía una vocación legalista y un compromiso irrestricto con la construcción de una nación próspera con justicia social. La renovación del orden jurídico existente en el país estaba en camino bajo la forma de una ofensiva jurídica y política que buscaba satisfacer las demandas de la lucha revolucionaria por la vía legal, y con ella, la construcción del andamiaje jurídico que permitió crear un nuevo Estado de derecho, liberal y democrático con justicia social.

En paralelo con sus afanes de moderno gobernante liberal, interesado en atender la observancia al marco legal existente y en mejorarlo por la vía de reformas sustentadas en la toma de acuerdos políticos en el marco de un Estado de derecho, Carranza procuró buscar la legitimación del pueblo a través de diversos medios de comunicación, por ejemplo, publicaciones en el diario *El Pueblo*, conferencias de prensa y mítines en los que se explicaban las reformas a la población.

Las cuatro corrientes
del movimiento antihuertista

La lucha contra el régimen de Victoriano Huerta contó con un factor determinante: las autoridades locales pertenecientes a las clases medias que ascendieron al poder durante los años del maderismo. Por ese motivo podemos decir que el enfrentamiento fue también uno de los intereses económicos de la élite de origen porfirista que apoyaba a Huerta, y los valores e ideales de un grupo de mexicanos interesados en fundar una nación más incluyente. Javier Garciadiego señala que: "El ascenso de Huerta a la presidencia provocó la airada movilización de la mayoría de los exrebeldes antiporfiristas, muchos de ellos veteranos también de la lucha contra el orozquismo y otros tantos convertidos en autoridades locales maderistas. Esto explica que la lucha contra Huerta buscara proteger y conservar los cambios y puestos políticos alcanzados con Madero".[11]

Con el propósito de comprender el movimiento antihuertista encabezado por Carranza y, posteriormente, las peculiaridades del proceso que lo llevó a la Presidencia de la República, es importante considerar las diferencias sociales y geográficas presentes en el origen de las cuatro corrientes que lucharon contra el gobierno de Huerta. La primera surgió en el estado de Coahuila y fue encabezada por el gobernador Venustiano Carranza, quien a partir de 1909 había sido seguidor de Bernardo Reyes en la lucha contra Porfirio Díaz. Él contó con el apoyo de autoridades de mediano rango legalmente constituidas, quienes declararon a Victoriano Huerta en contra del orden jurídico vigente.

El movimiento coahuilense procedió de inmediato a la formación del Ejército Constitucionalista para apoyar la restauración del orden legal en el país. Los mandos militares medios recayeron en antiguos veteranos de las luchas contra el porfirismo, y en políticos y burócratas de la administración estatal. La expresión de este movimiento tomó forma en el llamado Plan de Guadalupe, cuya contribución más importante del alzamiento contra Huerta no fue en el plano militar, sino en su capacidad organizativa y administrativa y, muy importante, en la legitimación del levantamiento.

---

[11] Javier Garciadiego, *La Revolución mexicana*, México, UNAM, 2012, p. 237.

La segunda corriente del antihuertismo tuvo su origen en el estado de Sonora. Incluía a miembros de la clase media, quienes habían mejorado su situación durante los breves años del maderismo y no estaban dispuestos a perderla en manos de las clases altas que respaldaban al huertismo. Algunos de sus líderes más importantes fueron Álvaro Obregón, Plutarco Elías Calles y Adolfo de la Huerta, ellos tenían cierta experiencia militar derivada de las luchas contra los indígenas yaquis, sin embargo, su fortaleza mayor era de carácter político gracias al manejo de los conflictos sociales de carácter laboral, como por ejemplo la huelga de Cananea. Esta capacidad de realizar acuerdos políticos con las clases populares marcaría una diferencia a favor del constitucionalismo en los años posteriores.

La tercera corriente que participó en el alzamiento contra el régimen de Victoriano Huerta se originó en el estado de Chihuahua y al norte del de Durango. Su particularidad más notable fue el liderazgo no de políticos, como el ala sonorense, ni de gobernantes y burócratas, en el caso de la coahuilense, sino de alguien proveniente del ámbito popular: Francisco Villa. Con vasta experiencia en alzamientos armados, entre otros contra Pascual Orozco en su intento por hacerse gobernador de Chihuahua, su papel en el movimiento constitucionalista fue aportar, al menos en esa etapa inicial, la base militar de la que carecían los demás. Su ejército, la División del Norte, contaba con mandos medios y también tropas de origen popular. El villismo no fue un movimiento principalmente campesino, ya que además de jornaleros y rancheros empobrecidos participaron mineros, obreros y ferrocarrileros.

El constitucionalismo no tuvo en sus orígenes una unidad geográfica, sino que surgió en dos regiones: una de ellas la norteña con los coahuilenses, sonorenses y chihuahuenses, y otra sureña con los zapatistas, que es la cuarta corriente del movimiento antihuertista. La participación del zapatismo en la rebelión constitucionalista más que por convicción y adhesión a los valores o principios legalistas que defendían los constitucionalistas fue forzada por las circunstancias.

Zapata y sus fuerzas revolucionarias no vieron en el régimen de Victoriano Huerta posibilidad alguna de una reforma agraria que atendiera las exigencias del Plan de Ayala, y a la vez, la lucha contra ellos emprendida por el Ejército Federal había sido muy cruenta; además la rebelión constitucionalista no tenía en sí misma, en ese momento, una agenda agrarista como la que se había expresado en dicho plan. La aportación principal del zapatismo fue la justicia agraria como eje de su lucha social, la cual resultó enriquecida posteriormente por la Ley Agraria que Carranza promulgó en enero de 1915, en Veracruz.

El constitucionalismo se abre camino por el norte del país

Emiliano Zapata y el Ejército Libertador del Sur participaron en el derrocamiento del gobierno de Victoriano Huerta, pero no reconocieron la jefatura máxima de Venustiano Carranza que le había otorgado el Plan de Guadalupe. Además, ante la fortaleza de sus contrapartes, sonorense y chihuahuense, el primer jefe del Ejército Constitucionalista buscó alianzas con los sublevados en los estados de Tamaulipas, Nuevo León, Zacatecas y San Luis Potosí, esta estrategia dio a su liderazgo ya no sólo un carácter estatal, limitado al ámbito de Coahuila, sino regional en el norte del país. Dicha medida cobró importancia cuando las fuerzas huertistas ocuparon el territorio coahuilense a mediados de 1913, obligándolo a buscar refugio en Sonora.

Ya convertido en jefe máximo de un considerable contingente militar contrario al régimen de Huerta, que incluía fuerzas en el noroeste –al mando de Álvaro Obregón–, el centro del septentrión mexicano –al frente de Francisco Villa y su División del Norte– y también en el noreste –comandadas por Pablo González–, Carranza continuó por el camino que lo llevaría a la presidencia constitucional del gobierno mexicano. Hacia finales de 1913 el movimiento tenía ecos de consideración en Jalisco, Sinaloa, Michoacán y Veracruz. Pero en el centro del país y el sureste la rebelión constitucionalista tuvo escasa repercusión, con excepción de Morelos y los estados vecinos donde el zapatismo libraba una violenta guerra de guerrillas contra el ejército del presidente Huerta.

La caída del huertismo

Conforme Álvaro Obregón marchaba con sus tropas por el noroeste hacia la capital del país, Pablo González hacía lo propio por el noreste y Francisco Villa por el centro, el régimen de Victoriano Huerta fue perdiendo adeptos, así como la lealtad de numerosas autoridades locales. Además de que su caída quedó irremediablemente señalada cuando el gobierno estadounidense del presidente Wilson ocupó el puerto de Veracruz, con la finalidad de impedir que recibiera armas provenientes de Europa.[12]

Al tiempo que la intervención estadounidense inclinaba la balanza en favor del movimiento constitucionalista, Carranza tomó una

---

[12] Ibídem, p. 241.

decisión que resultaría determinante en su camino a la presidencia: permitió que sólo los ejércitos de Obregón y González marcharan hacia la capital, dejando a Villa en el norte tras la toma de Zacatecas ocurrida en junio de 1914. Como se verá más adelante, el rompimiento entre ambos líderes era irremediable, aunque el Pacto de Torreón entre Carranza y Villa, algo dilató el enfrentamiento militar entre ambos. Asimismo, la convocatoria del primer jefe a una convención de generales con mando de tropa, inmediatamente después de la liberación de la Ciudad de México, que resolviera sobre quién sería el próximo presidente de México, confirmó nuevamente la vocación del movimiento constitucionalista por las soluciones políticas más que las militares, lo cual prevaleció siempre que fue posible.

El despertar de una nueva clase política

Si bien el resultado militar favorable al Ejército Constitucionalista estaba asegurado, hubo una consecuencia relacionada con la recomposición sociodemográfica del poder público en el país que fue de vital importancia en los años siguientes, en especial porque hizo posible la formación de una nueva clase política favorable a la creación de un nuevo orden, el cual quedaría expresado en la Constitución de 1917. Este proceso ocurrió debido al abandono masivo de los puestos que ocupaban las autoridades locales leales al huertismo, y que también habían sido fieles al régimen porfirista en los años previos al levantamiento maderista, ellos dejaron dichas posiciones vacías en las administraciones regionales y estatales, las cuales fueron ocupadas por miembros de la clase media. Es así que México dejó de ser gobernado mayoritariamente por mexicanos pertenecientes a las élites que dominaron al país durante el último tercio del siglo xix y la primera década del xx, y comenzó a ejercer el poder una nueva clase de ciudadanos.

En ese punto, el constitucionalismo no fue más un asunto de políticos y militares norteños, y adquirió, por primera vez, un carácter nacional y civil, lo cual resultó de interés para todos los mexicanos. Asimismo, permitió aprovechar la experiencia política de algunos de sus líderes en materia de acuerdos y alianzas con las agrupaciones obreras y campesinas locales. La base social resultante dio al carrancismo la posibilidad de crear un vasto consenso político nacional, que posteriormente fue importante en la refundación de la república sobre un nuevo orden jurídico, que quedaría expresado en la Constitución de 1917. La presidencia constitucional de quien era aún primer jefe del Ejército Constitucionalista, no habría sido posible de otra forma.

Las grietas del movimiento constitucionalista

En agosto de 1914 se celebró la firma de los Tratados de Teoloyucan que reconocían la derrota del régimen de Victoriano Huerta, tras lo cual el constitucionalismo se extendió hacia el sur del país. Una vez que las fuerzas pacificaron el centro del territorio nacional fue posible retomar la senda del desarrollo material en esa región, que concentraba la mayor parte de la actividad agropecuaria e industrial.

La pacificación nacional estaba aún lejos de ser una realidad. Las diferencias sociales y regionales de las cuatro corrientes antihuertistas a las que nos referimos anteriormente, dejaron de ser una fortaleza del movimiento constitucionalista, cuando su propósito era derrocar a Victoriano Huerta y restablecer el orden legal en el país, y se convirtieron en su mayor amenaza en el camino de Carranza por refundar la nación mexicana mediante un nuevo orden jurídico.

> El reto no era sencillo, pues el constitucionalismo debía realizar labores gubernamentales [...] situación que lo obligó a conformar un equipo compuesto básicamente de tres elementos: militares y políticos constitucionalistas que tuvieran experiencia o capacidad administrativa; miembros de las clases medias marginados por los gobiernos porfirista y huertista, y la burocracia media y baja del antiguo régimen que pudo reciclarse.[13]

Fue entonces que la celebración de una convención de jefes revolucionarios, acordada entre villistas y carrancistas mediante el Pacto de Torreón, adquirió un carácter verdaderamente estratégico.

El Pacto de Torreón entre Carranza y Villa

Durante la toma de Zacatecas en junio de 1914 por parte del movimiento constitucionalista, Pánfilo Nateras requirió apoyo militar a Venustiano Carranza. El primer jefe ordenó a Francisco Villa que enviara refuerzos, pero éste decidió mandar a toda la División del Norte. La reacción de Carranza ante la desobediencia del Centauro del Norte no se hizo esperar, pero este último molesto contra el primero renunció a su encargo militar.

El rompimiento entre ambos había escalado a tal punto que se decidió evitar la confrontación militar directa ante la urgencia de derrotar completamente a las fuerzas de Victoriano Huerta. El

---

[13] Ibídem, p. 243.

medio para lograrlo fue el Pacto de Torreón, cuyas negociaciones dieron inicio el 4 de julio siguiente y terminaron cuatro días después, el 8 de julio de 1914. Por parte de Carranza asistió el Ejército del Noreste bajo las órdenes de Pablo González Garza, representado, entre otros, por Antonio I. Villarreal. A nombre de a Francisco Villa se presentó José Isabel Robles, por mencionar sólo a uno de sus hombres de mayor confianza. Los villistas aceptaron que el chihuahuense pidiera disculpas al primer jefe y éste procedió a nombrar a Villa como general de división con autoridad independiente de la de Álvaro Obregón y de la del propio Pablo González.

Villa confirmó su apoyo a lo acordado en el Plan de Guadalupe en el sentido de reconocer a Carranza como primer jefe del Ejército Constitucionalista, pero no aceptó refrendar el plan en lo tocante a que la primera jefatura titulara un gobierno nacional, con carácter provisional, mientras se realizaban elecciones. En consecuencia, se pactó la realización de una reunión de generales, encargada de llevar a cabo las elecciones de las que saldría electo un presidente de la república así como de formular el programa del nuevo gobierno una vez tomada la Ciudad de México por las fuerzas constitucionalistas.

Las negociaciones ahí pactadas no tardarían en revelar el rompimiento definitivo entre el villismo y el constitucionalismo, que llevaría al país a presenciar la etapa más sangrienta de la época.

El constitucionalismo
en la Soberana Convención
de Aguascalientes:
por el camino de la política

Peculiaridad de la experiencia mexicana

La Revolución mexicana que dio inicio en 1910 es una de las tres grandes revoluciones del siglo xx, las otras dos son la rusa de 1917 y la china de 1927 que culminó con la fundación de la República Popular China en 1949. Junto con la francesa de 1789, han sido los movimientos revolucionarios más estudiados y debatidos. Su importancia radica en que son expresiones clásicas de cambios sociales profundos –verdaderos giros de 180 grados– logrados mediante el uso de las armas con la participación de masas urbanas, populares y campesinas.

Las ocurridas en Francia, Rusia y China condujeron a situaciones de ingobernabilidad después de haber derrocado a regímenes dictatoriales insensibles a las demandas de pueblos oprimidos y empobrecidos. Se volvieron guerras sangrientas de facciones incapaces de formular un proyecto de nación que permitiera convertir los ideales revolucionarios en sistemas de gobierno capaces de lograr prosperidad y paz social para la población.

La Revolución mexicana de principios del siglo XX fue la única que, después de varios episodios de lucha armada, culminó por la fuerza de la política en un nuevo orden que permitió fundar el moderno Estado mexicano y además dotó a la nación de un sistema político incluyente que trajo consigo mejores condiciones de vida a la mayoría de los mexicanos.

El papel desempeñado por la asamblea de jefes revolucionarios fue importante, porque sentó las bases de la negociación política como medio para gestionar pacíficamente los diferentes intereses de las diversas facciones participantes en el derrocamiento de Huerta. Sin embargo, esa instancia no logró que se realizara ese noble propósito porque declaró la guerra contra el constitucionalismo encabezado por Carranza, quien se vio obligado a instalar –en Veracruz– el gobierno provisional a que lo facultaba el Plan de Guadalupe.

La Convención en Aguascalientes
entre villistas y carrancistas

El movimiento constitucionalista encabezado por Venustiano Carranza tuvo en la Soberana Convención de jefes revolucionarios, realizada en 1914 en la ciudad de Aguascalientes, la oportunidad de demostrar su vocación a favor de la política como instrumento adecuado para la construcción de un México más próspero e incluyente y no de las armas, aunque usó éstas siempre que fue indispensable. Sin embargo, los hechos posteriores demostraron que no todos los participantes en la asamblea tenían la misma convicción a favor de la política.

Tras varios intentos fallidos, el 10 de octubre de 1914 se reunieron en el Teatro Morelos de la ciudad de Aguascalientes –por ser éste el punto medio entre la capital y el norte del país– 155 jefes revolucionarios. Esta asamblea incluyó a militares, gobernadores y representantes civiles del constitucionalismo y del villismo, no obstante, sólo 37 de ellos eran leales a la División del Norte y el zapatismo estuvo ausente.

Como se observa en el *Diario de Debates* de la Convención, ésta tuvo al principio un carácter solamente deliberativo. Las posiciones del villismo fueron sostenidas por personalidades como Felipe Ángeles, Manuel Chao, Roque González Garza y Fidel Ávila, este último entonces gobernador de Chihuahua, entre otros. Por parte del constitucionalismo debatieron Pablo González, Alfredo Ricautt, Benjamín Hill y varios gobernadores leales al primer jefe del Ejército Constitucionalista. Desde entonces, el componente constitucionalista se caracterizó por líderes con experiencia de gobierno; era una facción de gobernantes versados en política y administración pública, no de caudillos militares.

La Convención en el poder: se incorpora el zapatismo

Pronto, los delegados decidieron pasar de las deliberaciones a la toma de decisiones, convirtiendo a la Convención en una asamblea soberana constituida en el máximo poder público del país. En este punto, el villismo debilitado con una precaria representación de delegados decidió invitar a Emiliano Zapata y al Ejército Libertador del Sur. Zapata aceptó y asistieron, entre otros, Antonio Díaz Soto y Gama, los hermanos Gildardo y Octavio Magaña, Genaro

Amezcua, Otilio Montaño y Manuel Palafox, varios de ellos con una conocida trayectoria como luchadores de izquierda.

El zapatismo se incorporó a la asamblea con dos condiciones: que se aceptara el Plan de Ayala y que Venustiano Carranza abandonara el cargo de primer jefe otorgado por el Plan de Guadalupe.

Así quedó definido el escenario de los próximos dos años, con un constitucionalismo que incluía en sus filas a gobernantes experimentados en tareas de la administración pública, con el apoyo de militares de la talla de Álvaro Obregón y Pablo González capaces de imponer el orden cuando la política resultaba insuficiente para contener las ansias de poder revolucionarias. También quedaron bien perfilados el villismo y el zapatismo, portadores ambos de ideales justicieros de igualdad social y una vocación por las armas.

El rompimiento con el constitucionalismo y Carranza

El 27 de octubre de 1914 el villismo y el zapatismo acordaron una alianza contra Carranza que dejaría fuera de la asamblea convencionista al movimiento constitucionalista. Los delegados de este último lanzaron una ofensiva a la excluyente posición de sus opositores, argumentando que el Plan de Ayala, centrado en el problema agrario, carecía de reformas importantes en materia administrativa, penal, civil, educativa y electoral.

En cuanto a la segunda exigencia del zapatismo, la Convención decidió que Venustiano Carranza dejaría de ser el primer jefe, pero advirtió que tampoco lo serían Francisco Villa y Emiliano Zapata. Con esta sola medida, México selló de manera definitiva la llegada de caudillos al poder. Las puertas quedaban abiertas para el establecimiento de un gobierno nacional republicano y democrático, y quien más hábilmente transitara por la vía de la política, tendría la mejor posibilidad de gobernar. Pero la política tendría que esperar a que las armas guardaran silencio.

Venustiano Carranza tuvo entonces un momento de lucidez que lo consagró como estratega político y servidor leal de la patria. Aceptó las condiciones del zapatismo y del villismo, y renunció a la primera jefatura a la que tenía derecho según el Plan de Guadalupe. El contingente constitucionalista en la Convención apoyó la designación de Eulalio Gutiérrez como presidente provisional de México el primero de noviembre de 1914. Al menos en ese momento, y gracias a la decisión de Carranza, la unidad revolucionaria quedó a salvo porque él impidió que las fuerzas reaccionarias del antiguo régimen se reagruparan y tomaran nuevamente el poder.

Sin embargo, gobernante experimentado como era, Carranza no confundió vocación por la política y lealtad a la patria con ingenuidad, y temiendo ser pasado por las armas, se retiró de la capital del país, ordenó a los delegados constitucionalistas que abandonaran Aguascalientes y avanzó hacia Puebla camino a Veracruz. Eulalio Gutiérrez apoyó militarmente a la División del Norte y declaró la guerra al constitucionalismo.

El constitucionalismo hace sede de gobierno en Veracruz: empieza la guerra

La segunda semana de noviembre de 1914, Carranza estableció su gobierno en la ciudad porteña de Veracruz una vez que los marines estadounidenses que la ocupaban abandonaron la plaza. Al inicio de la guerra con las fuerzas villistas de la Convención, el poderío militar constitucionalista tenía cerca de 90 mil soldados con los que controlaba el noroeste bajo el mando de Álvaro Obregón y Plutarco Elías Calles, y el noreste con Pablo González. Asimismo, era suyo el sureste: Veracruz, Tabasco, el istmo de Tehuantepec, Chiapas, Yucatán, y también la Ciudad de México, hasta que la tomaron Villa y Zapata quedando ésta en manos del zapatismo. El resto de los estados en el norte y el centro del país eran leales al villismo, mientras que Morelos, Guerrero, Puebla y el Estado de México al zapatismo.

Un cálculo somero atribuye a las fuerzas convencionistas cerca de 100 mil hombres, más de los que tenía el constitucionalismo. Pero ellas no tardarían en descubrir que una guerra no se gana sólo con soldados, sino también con armas y municiones, que en este caso eran compradas a Estados Unidos a elevados precios en caras divisas extranjeras, precisamente cuando el país vecino dedicaba su planta industrial militar a surtir a sus aliados europeos durante la primera Guerra Mundial. También descubrieron que el equipamiento y manutención de ese enorme contingente armado requiere de cuantiosos recursos, lo anterior en el marco de una economía paralizada y sin circulante monetario suficiente. Aquí, de nuevo la experiencia de los constitucionalistas como gobernantes avezados en asuntos administrativos hizo la diferencia.

La guerra civil entre el Ejército Constitucionalista y el convencionista no era sólo de posiciones territoriales, sino de acceso a recursos y control de ellos. Eso es algo que Venustiano Carranza y sus jefes militares comprendieron a la perfección. Si bien, las tropas convencionistas controlaban vastas zonas agrícolas productoras de cereales para la alimentación humana y ganadera, las carrancistas tenían el dominio de las zonas productoras de dos bienes altamente cotizados en los mercados internacionales: el henequén de Yucatán y el petróleo del Golfo de México. Ambos, junto con los aranceles recaudados por las aduanas, les permitieron obtener una ventaja financiera durante su participación en el conflicto armado.

El ocaso del villismo y el zapatismo

Los resultados no se dejaron esperar, el 28 de enero de 1915 las fuerzas al mando de Álvaro Obregón vencieron a las zapatistas en la Ciudad de México y recuperaron la capital de la república. Ahí, el sonorense logró que la Casa del Obrero Mundial, una de las principales organizaciones laborales del país, firmara un pacto con el constitucionalismo, lo que dio a este movimiento la base social de la que carecía, y que lo debilitaba frente al zapatismo y el villismo. Por su parte, Carranza promulgó el 6 de enero de 1915 en Veracruz su Ley Agraria, fue redactada por Luis Cabrera y con ella se ofrecía una alternativa a los campesinos del país frente al Plan de Ayala de los zapatistas. Lejos de ser medidas retóricas, el pacto obrero y la ley agraria dieron legitimidad al movimiento constitucionalista a los ojos de los obreros, campesinos y de las influyentes clases medias.

A principios de abril de 1915 durante las batallas de Celaya, el Ejército Constitucionalista, bajo el mando de Álvaro Obregón, enfrentó y derrotó a unas debilitadas fuerzas villistas, comandadas por el propio Centauro del Norte. La estrategia de abastecimiento de su ejército dio a Venustiano Carranza excelentes resultados. Los primeros días de julio de ese año las columnas del constitucionalismo vencieron de manera definitiva a Francisco Villa, cuyo movimiento fue replegándose progresivamente hacia su natal Chihuahua. El 25 de diciembre disolvió la División del Norte y se retiró con algunos de sus soldados más leales a la Hacienda de Bustillos.

La nueva constitución política
se asoma en el horizonte

El convencionismo había sido derrotado en el campo de batalla. El zapatismo, más a la defensiva en su territorio natural sureño, dejó de ser un objetivo militar para el constitucionalismo triunfante. El tiempo de las armas cedía el paso nuevamente al de la política, mas ya no en el ámbito de la Convención, que terminó sus días en el estado de Morelos. Una nueva asamblea, la del Congreso Constituyente encargado de redactar una nueva constitución general de la república, vería la luz próximamente en la ciudad de Querétaro.

La nación había aprendido que la solución a sus problemas no estaba en los caudillos militares carismáticos, sino en la creación de un moderno Estado de derecho que contara con un gobierno dirigido por políticos y administradores, los cuales con visión de estadistas garantizaran prosperidad y paz social a los mexicanos.

La Constitución Política de 1917:
por el camino hacia
un Estado social de derecho

Entre aguas turbulentas
y un cielo tormentoso

El camino hacia la creación de un moderno Estado de derecho, el cual contara con un gobierno fuerte y representativo de las principales fuerzas políticas que habían participado durante los últimos siete años en la lucha revolucionaria, liderado por políticos y administradores capaces y experimentados, y que diera respuesta efectiva a las demandas sociales, tenía que pasar aún por la refundación de una república liberal y democrática. Ese anhelo tuvo su expresión en el Congreso Constituyente de Querétaro del que emanó la Constitución Política de los Estados Unidos Mexicanos de 1917.

En 1916 no era posible prever que dicho camino sería llano y fácil de transitar. La División del Norte de Francisco Villa y el Ejército Libertador del Sur de Emiliano Zapata, ya habían sido derrotados en los campos de batalla, pero seguían en armas contra el entonces gobierno provisional de Carranza. Además, habían surgido nuevos movimientos armados en Veracruz y en la zona petrolera de la parte norte del Golfo de México, así como en Chiapas, Oaxaca y Michoacán, que buscaban alterar el sistema de equilibrios establecido por la estructura revolucionaria de tres fuerzas primordiales –constitucionalismo, zapatismo y villismo–, vigentes desde 1913, cuando dio inicio la rebelión armada contra el gobierno de Victoriano Huerta.

Asimismo, otro nuevo elemento dificultaba el camino hacia la consolidación de la corriente constitucionalista y el inicio de una nueva etapa institucional: la invasión del ejército estadounidense de abril de 1916 en respuesta a la incursión de un contingente villista, comando por el propio Villa, al pueblo de Columbus en Nuevo México. Este hecho fue relevante en sí mismo por las implicaciones internacionales que tuvo, pero también porque parece haber sido una provocación deliberada del Centauro del Norte para ganar la animadversión del gobierno del país vecino contra Carranza, toda vez que el contingente comandado por el propio Villa no atacó a soldados de Estados Unidos, sino a civiles desarmados. Esto nos permite suponer que el argumento de la búsqueda de armas como causa de la expedición a Columbus es infundado.

Primeras acciones

Ese fue el horizonte complejo que estaba a la vista de Venustiano Carranza en 1916. Sin embargo, conforme avanzaba el año se presentó un proceso que modificó sustancialmente la composición de las fuerzas políticas alrededor del constitucionalismo, que entonces era la facción vencedora de la revolución. El debilitamiento militar del villismo y del zapatismo, así como su virtual derrota ante el Ejército Constitucionalista, redujo la necesidad que había tenido Carranza, durante los años 1914 y 1915, de tener el apoyo de obreros y campesinos en las zonas donde se desarrollaban las acciones de guerra. Hubo, en consecuencia, un endurecimiento de las concesiones del carrancismo a estos sectores, algo que por cierto lamentaría el Barón de Cuatro Ciénegas años después cuando la facción sonorense –en especial Álvaro Obregón– capitalizara a su favor el descontento obrero y campesino contra el gobierno carrancista.

El proceso político para la elaboración de una nueva constitución estaba en marcha y los grupos vencedores –coahuilense y sonorense– se aprestaron a establecer las reglas para la participación de representantes de la totalidad de la nación en el ejercicio democrático que se avecinaba.

Solamente pudieron participar como diputados constituyentes representativos de todas las entidades federativas aquéllos previamente seleccionados para ese fin. La cantidad de habitantes de cada estado determinó el número de representantes que cada estado envió. Como en toda asamblea, el proceso sustantivo fue el de credencialización: ¿Quiénes tenían derecho y quiénes no de asistir? Quedaron excluidos los huertistas y, en general, todo aquél que hubiera apoyado a los convencionistas.

La convocatoria para elegir a los diputados del Congreso Constituyente ocurrió el 21 de septiembre de 1916; un mes después, el 22 de octubre, se celebraron las elecciones, y el 20 de noviembre siguiente se encontraban los legisladores electos (véase Anexo 4) reunidos en la ciudad de Querétaro. El proceso preparatorio fue el siguiente:

Desde el 20 y hasta el 30 de noviembre tuvieron lugar las 11 sesiones preparatorias, verificadas tres en la Academia de Bellas

Artes y ocho en el entonces Teatro Iturbide. En la última sesión [...] se eligió a los integrantes de la mesa directiva para los dos meses que abarcaría el único periodo ordinario de sesiones del Congreso Constituyente, siendo electo su presidente el licenciado Luis Manuel Rojas.[1]

Durante la sesión inaugural del congreso, ocurrida el primero de diciembre de 1916, acudió el presidente Venustiano Carranza y presentó un discurso conteniendo su propuesta de proyecto constitucional (véase Anexo 3). A partir de entonces un ritmo vertiginoso de trabajo ocupó a los constituyentes:

El Congreso trabajó 48 días. En unos celebró una sola sesión, pero en otros llegaron a verificarse tres sesiones y durante tres días consecutivos –los últimos de enero de 1917– realizó una sola sesión de carácter permanente. Del total de sesiones ordinarias (80), 14 fueron secretas y 66 públicas. De esas últimas, 11 fueron matutinas, 44 vespertinas y 11 nocturnas. El trabajo parlamentario ocupó 22 días de diciembre y 26 días de enero. El quórum promedio fue de 140 diputados, aunque hay que señalar que llegó a contar una asistencia cercana a los 200. El diario de debates registra 65 votaciones nominales y 28 de carácter económico durante las sesiones ordinarias públicas; por consiguiente, una votación llegó a abarcar cinco o seis artículos, o uno solo de larga redacción o resultado de una discusión prolongada, como lo fue el caso del artículo 3°.[2]

---

[1] Francisco Venegas, "Vigencia de la Constitución de 1917. Desarrollo cronológico del Congreso Constituyente de Querétaro", en Patricia Galeana (comp.) *México y sus constituciones*, México, Fondo de Cultura Económica, 1999, p. 314.

[2] Ibídem, pp. 315-316.

La nueva Constitución Política de los Estados Unidos Mexicanos entró en vigor el primero de mayo de 1917, con su publicación en el *Diario Oficial de la Federación.*

Nuevas fuerzas políticas
en el escenario

Algunos legisladores aceptados en el Congreso Constituyente de Querétaro eran partidarios del liberalismo de corte juarista de Carranza, otros de Álvaro Obregón, la segunda figura más importante en ese momento; además participaron seguidores del maderismo, el catolicismo social e incluso del reyismo. También fueron incluidos simpatizantes del magonismo, la corriente política de izquierda con un fuerte componente socialista de los hermanos Flores Magón, que durante los años de la lucha antirreeleccionista de Madero tuvo su plataforma de divulgación en el periódico *Regeneración.*

Los debates estuvieron marcados por esa mezcla de convicciones ideológicas e intereses políticos, así como por la diversidad de tradiciones sociales y culturales de los diputados, provenientes de las diferentes regiones del territorio nacional. La pluralidad y el carácter incluyente de la Constitución, que hicieron posible refundar el nuevo Estado mexicano posrevolucionario, propiciaron con el tiempo una paz social duradera. El zapatismo y el villismo quedaron excluidos.

De forma notable, el Congreso Constituyente tuvo una composición sociodemográfica, con fuertes implicaciones políticas, determinada por la decisión de que la cantidad de diputados de cada estado dependería del tamaño de su población. El resultado fue que si bien la Revolución había sido principalmente norteña –Sonora,

Chihuahua y Coahuila–, a excepción del componente zapatista radicado en su mayor parte en Morelos, y con una fuerte presencia rural y campesina; la mayoría de los constituyentes provenían del medio urbano, la clase media y de aquellas entidades federativas que menos participaron en la contienda armada.

Chihuahua sólo envió a un diputado propietario, Sonora a cuatro y Coahuila a cinco; en comparación con Jalisco que tuvo veinte, Puebla dieciocho, Veracruz, Guanajuato y Michoacán diecisiete cada uno, y Oaxaca diez; mientras Hidalgo estuvo representado por nueve. Los candados para evitar que la nueva etapa deliberativa deviniera en un nuevo enfrentamiento armado, como ocurrió con la asamblea de jefes revolucionarios en Aguascalientes, estaban puestos. El camino de Venustiano Carranza a la silla presidencial era llano.

El proceso que hemos descrito hacía eco en alguna medida de la situación internacional. El liberalismo triunfante del siglo xix había encontrado expresión en el surgimiento de Estados Unidos de América como nueva potencia, al tiempo que Alemania emergía en el escenario europeo para modificar el sistema de equilibrios de poder en el viejo continente y el Imperio japonés se erguía poderosamente en Asia. Se hizo presente una crisis generalizada del orden geopolítico mundial que tuvo diversas expresiones en el ámbito de las ideas, la cultura y el arte, todo lo anterior condujo a que en 1914 estallara la primera Guerra Mundial. A su vez, la caída del Imperio zarista a manos de los bolcheviques en Rusia anunció, en 1917, la llegada de nuevas formas de organización social y política que marcarían profundamente la mayor parte del siglo xx.

El liberalismo se vio cuestionado y enfrentado desde principios del siglo xx por sistemas políticos autoritarios y dictatoriales.

Los regímenes democráticos y federales, con un enfoque republicano de división de poderes y basados en el respeto a las garantías
individuales de ciudadanos libres que organizan la vida en común
de acuerdo a un pacto social en el marco de un Estado de derecho
regulado por leyes, tuvieron que defender –a veces por la vía de la
política y la diplomacia, otras más con las armas– su forma de vida
frente a dictadores que buscaban ejercer su poder mediante el caris-
ma y el populismo, y cuando esto fallaba lo hacían mediante el uso
de la fuerza. México, a manera de espejo de la escena mundial, vio
representado este juego de fuerzas sociales y políticas en ese mismo periodo en su territorio.

Diálogos y silencios
entre las constituciones de 1857 y 1917

Una consecuencia de la composición sociodemográfica y cultural
de los diputados constituyentes de 1917 fue que, a diferencia de la
constitución de 1857, no era resultado de debates ideológicos pro-
vocados por el enfrentamiento entre doctrinas opuestas, sino de una
negociación política orientada a resolver las cuestiones prácticas
relacionadas con el ejercicio de gobierno. La de 1857 se fundó en
el liberalismo decimonónico que triunfaba frente el monarquismo,
mientras que la de 1917 reflejaba la visión de nuevas generaciones
de mexicanos interesados ya no en adherirse a un cuerpo de ideas,
sino en construir una nación capaz de crear una prosperidad duradera
con paz social.

Los diputados constituyentes que se reunieron en Querétaro
en diciembre de 1916 tuvieron ese horizonte de sucesos durante las

deliberaciones. La influencia del escenario internacional y la propia experiencia nacional durante los años del porfirismo y la Revolución dieron a la Constitución de 1917 profundas diferencias con la anterior. El nuevo texto constitucional resultó enteramente adecuado para hacer factible la construcción del México contemporáneo, que ya se asomaba en el horizonte temprano del siglo xx, por su alto contenido de derechos sociales, los cuales la convirtieron en la más avanzada del mundo en el momento en que se promulgó.

En la Constitución de 1917 se reconocieron tanto la propiedad privada como la colectiva, así como la existencia de empresas privadas y también estatales. La república siguió siendo representativa y democrática, con el esquema republicano clásico de división de poderes: ejecutivo, legislativo y judicial, en el marco de un pacto federal. La de 1857 solamente reconocía una cámara en el congreso, la de 1917 tenía dos. También el Poder Judicial resultó con mayor autonomía con la Constitución del siglo xx y el Poder Ejecutivo careció de un vicepresidente –que sí aceptaba la legislación anterior–, por lo que recayó en toda la capacidad ejecutiva en la persona del presidente.

En la nueva constitución el gobierno seguía siendo titulado por un presidente, pero ahora éste era mucho más fuerte aunque no tenía posibilidades de reelección; además, contaba con la capacidad para intervenir en todos los ámbitos de la vida nacional, incluyendo la economía y la educación. Su elección era por voto directo, al igual que la de legisladores y titulares de gobiernos locales.

El nuevo texto constitucional ofreció plenas garantías individuales a los ciudadanos, pero a diferencia del de 1857, hizo posible un estado social benefactor, con importantes beneficios a los sectores obrero y campesino. Los artículos 27, de carácter agrario, y 123, en materia laboral, abrieron las puertas de la vida institucional a las fuerzas que tuvieron que expresar por la vía de las armas sus demandas tras el estallido revolucionario de 1910.

Además, se estableció la enseñanza pública, laica y gratuita, así como la libertad de culto, de expresión, de asociación de los trabajadores y la jornada laboral de ocho horas diarias; asimismo, se creó el municipio libre. Sus 136 artículos divididos en nueve títulos, y éstos a la vez en capítulos, formaron dos partes: la primera conocida como *dogmática*, que consignaba las garantías individuales, y los derechos y libertades sociales, misma que actualmente reconoce los derechos fundamentales inherentes a la persona humana; y la segunda llamada *orgánica*, la cual en nuestros días aún regula el funcionamiento de las instituciones del Estado.

Si bien las diferencias anteriores son importantes, hay una que resultó verdaderamente esencial. La Constitución Política de 1917, a diferencia de la de 1857, utilizó la expresión *garantías individuales* en lugar de *derechos del hombre*, con lo que se reconoció la visión positivista del nuevo Estado mexicano. Este elemento que puede parecer mínimo, refleja la posición filosófica de la época, ya que coloca a las personas como los propios artífices de sus derechos y al Estado como la entidad pública que por excelencia es la encargada de otorgarlos y garantizarlos. Es decir, la pertinencia de sustituir la palabra *derechos* por *garantías*, radica en la idea fundamental de que no existen los primeros sin las segundas, por lo tanto, estas últimas son las que realmente protegen al ciudadano frente a las autoridades.

De tal manera que en el artículo primero de la Constitución Política promulgada en 1917, se precisó que: "En los Estados Unidos Mexicanos todo individuo gozará de las garantías que otorga la Constitución", y ya no es el pueblo mexicano quien "reconoce que los derechos del hombre son la base y el objeto de las instituciones sociales", dejando en manos de las leyes y las autoridades del país el deber de "respetar y sostener las garantías", tal y como se estableció en el artículo primero del texto constitucional de 1857, porque en las garantías individuales de 1917 se encuentran implícitos o *fusionados* los derechos.

Palabras que se lleva el viento

La experiencia demostró que la realización de una asamblea constituyente, la redacción de un texto constitucional aprobado por amplio consenso y su publicación oficial, tenían un importante valor simbólico, pero, a fin de cuentas, eran sólo palabras y se las podía llevar el viento. Hacía falta hacerlo realidad, para lo cual se necesitaba de alguien con apasionada convicción legalista y experiencia político-administrativa suficientes, además de un amor por México a toda prueba para hacer constitución al andar.

El constitucionalismo triunfante en el gobierno:
por el camino de la inclusión mirando hacia el futuro

Los difíciles últimos años

Don Venustiano Carranza fue uno de los principales constructores del Mexico contemporáneo por tres motivos primordiales. El primero de ellos es que, con mirada de gobernante, se lanzó a la lucha revolucionaria para derrocar a Victoriano Huerta, viendo que se restableciera el Estado de derecho y el imperio de la ley. El segundo motivo es que, con talento de estadista legitimó la Revolución por el camino de la política, buscando integrar a todas las facciones revolucionarias armadas en torno a un proyecto de nación, y cuando ésta falló, recurrió a las armas para regresar siempre a la senda de la institucionalidad. El tercero, fue su táctica político-administrativa de gobierno, a la que dedicaremos un lugar especial en este capítulo.

Gobernar fue para él una pasión. Administrar era la forma de hacer realidad los ideales del movimiento constitucionalista, ya en el gobierno provisional en la ciudad de Veracruz en 1915, y más tarde, a partir del primero de mayo de 1917, como presidente constitucional de los Estados Unidos Mexicanos. Cual Pigmalión esmerado, labró la patria surgida de la Revolución con dedicación de escultor. La fuerza de la ley y un sentido práctico resistente a toda prueba, fueron el cincel y el marro con que sentó las bases de una administración pública capaz de encaminar a la patria hacia la formación de un gobierno fuerte y estable, el pilar sobre el cual sus sucesores pudieron hacer crecer y prosperar al moderno Estado mexicano.

Se hace constitución al andar

El primero de mayo de 1917, Venustiano Carranza dejó de ser encargado provisional del Poder Ejecutivo de la nación y se convirtió en presidente constitucional del gobierno mexicano, cargo que ocupó hasta 1920. Daba inicio la era de la maduración de las instituciones que permitió crear y sostener, en un clima de estabilidad política, un gobierno nacional en el marco de un estado liberal moderno, próspero y con justicia social. Sin embargo, los primeros pasos no fueron fáciles.

Los tres años que van de 1917 a 1920, no pudieron ser utilizados por el presidente Carranza para culminar la fundación del moderno Estado mexicano que cristalizara con éxito los años de lucha revolucionaria; sin embargo, con visión de estadista y profundo amor por el país, ayudó a sentar las bases que posteriormente lo harían posible.

El principal problema que encaró Carranza fue que la Constitución de 1917 establecía los principios de derecho de un país aún inexistente, cuya construcción debía realizarse paso a paso, tabique tras tabique: haciendo constitución al andar. Había jefes políticos y militares en las regiones que sabían poco del nuevo sistema político, y eran rebeldes a la autoridad de Carranza y su gobierno constitucional. Además, el clima de desorden propio de un dilatado proceso de guerra armada hacía que las instituciones de la vida civil no tuvieran un funcionamiento adecuado. A lo anterior debe agregarse que el presupuesto del gobierno federal estaba agotado a causa de una economía incapaz de generar riqueza.

Peor aún, en mayo de 1917 no había aún un corpus de leyes –legislación primaria– procedentes de los principios de derecho establecidos en el nuevo texto constitucional, del cual se derivara la legislación secundaria –decretos, circulares, acuerdos, contratos, resoluciones y disposiciones generales–, que hace posible el ejercicio cotidiano de gobernar.

Carranza comprendió la urgencia de dotar a su administración de leyes primarias, a partir de las cuales se formulara una legislación secundaria en asuntos de la mayor importancia estratégica como aquéllos que regulaban el uso de los recursos naturales, útiles para la producción de la riqueza material: aguas, bosques, tierras y minerales.

La rapidez y asertividad con que el presidente Carranza dio inicio a la construcción de las bases de un gobierno nacional efectivo, que diera sustentabilidad y continuidad al orden institucional establecido por la Constitución de 1917, aún nos asombra. En 1918 el titular de la Secretaría de Agricultura y Fomento de la administración carrancista era el ingeniero Pastor Rouaix, desde cuya oficina se generó un importante corpus documental con actos administrativos fundamentados en la legislación prerrevolucionaria de las décadas de 1880, 1890 y 1900.

Éste es un hecho inédito en la historia de las revoluciones, si se les considera como cortes temporales entre un pasado indeseable y un mejor presente surgido de una lucha armada. No obstante, la Revolución mexicana de los inicios del siglo xx nos revela una notable porosidad porque una parte del periodo porfirista fue recuperado por medio de las leyes entonces vigentes. Fuentes documentales oficiales del gobierno constitucional carrancista arrojan indicios que nos permiten suponer que quizás hubo menos porfirismo entre los años 1884 y 1910 de lo que solemos creer. Más bien, parece que la administración pública porfiriana fue un mosaico de tendencias político-administrativas, que tenía en Díaz la imagen carismática de un líder emanado de las luchas liberales de mediados del siglo xix y que era capaz de mantener a las fuerzas políticas alejadas de las armas.

Las fuentes históricas permiten advertir la presencia de un grupo dentro del mismo gobierno porfiriano, que sentó las bases en el ámbito de la administración pública federal, dedicada a los asuntos de la riqueza material de la nación y, desde ahí, hizo posible, mucho antes de la caída del gobierno de Díaz en 1911, la construcción del México contemporáneo. Los nombres de Manuel Fernández Leal –ingeniero veracruzano que primero fue oficial mayor del Ministerio de Fomento y luego su titular– y Olegario Molina –abogado yucateco que ocupó el cargo de Ministro de Fomento– son representativos de un tipo de altos funcionarios, miembros del gabinete presidencial, poseedores de una cultura política diferente a la del resto del gobierno porfiriano, más enfocada ésta, en temas de gobernación y seguridad interior y exterior. Posiblemente influidos por la economía política inglesa, aquéllos dotaron a México de lo que hoy llamaríamos una política económica, es decir, una economía pública moderna.

Se trató de un enfoque gubernamental y de administración pública orientado al fomento del desarrollo de las empresas de los particulares en la creación de riqueza privada, de la cual una parte se convertía en pública por la vía fiscal. Ésta era invertida, en parte, en grandes obras públicas de infraestructura que, a su vez, alentaban aún más las actividades empresariales, creándose así un círculo virtuoso que dotaba al gobierno federal de cuantiosos recursos. Otra parte servía para financiar la política social, especialmente en educación y salud.

El *Boletín Oficial de la Secretaría de Agricultura y Fomento*, del año 1918, incluye numerosos ejemplos de decretos, circulares, acuerdos, contratos, resoluciones y disposiciones del gobierno carrancista, fundamentados en la regulación vigente durante las décadas anteriores al estallido revolucionario de 1910. Esos actos administrativos del gobierno constitucional renovaban, cancelaban o asignaban derechos a particulares para la explotación de las tierras, bosques, aguas y minas nacionales, y se fundamentaban, como ya señalé, en las leyes del período prerrevolucionario, aprobadas por el congreso nacional de entonces y aplicadas por el Ministerio de Fomento en las décadas de 1880, 1890 y 1900. Éste es un aspecto poco conocido del carrancismo frente al gobierno constitucional de la república, cuya importancia radica en que revela a un Venustiano Carranza modelando con tesón y paciencia las bases de la moderna nación mexicana del siglo xx.

Quedaba así subsanado el traumático corte revolucionario, que podría haber dejado a México sin memoria y sin la fortaleza de los aprendizajes de varias décadas sobre cómo traer prosperidad al país, y quedaba listo el Estado mexicano para que nuevos líderes lo hicieran más justo e incluyente para todos los mexicanos. Un ciclo de desarrollo nacional se cerraba: el liberalismo juarista había dotado a México de libertad y dignidad; el liberalismo de la economía política de la era porfiriana sentó las bases de una nación próspera; y el constitucionalismo carrancista recuperó ambas fortalezas para proyectar hacia el siglo xx un México libre, digno, y ahora también incluyente en el camino de la justicia social.

Fue así que Venustiano Carranza, el primer presidente constitucional del México contemporáneo, hizo constitución al andar.

Las resistencias de un pasado que se negaba a morir

Además, el Barón de Cuatro Ciénegas se vio forzado a dedicar el valioso tiempo que tenía su gobierno para continuar con la pacificación del país. El villismo y el zapatismo estaban derrotados, pero no habían sido extinguidos por completo, entre otras cuestiones porque el origen de sus demandas –la injusticia social– seguía sin atenderse en el terreno de los hechos.

El bandolerismo campeaba por el territorio nacional en respuesta a la debilidad del marco institucional y los perdedores en los campos de batalla –ahora verdaderos contrarrevolucionarios– continuaron alzándose contra el gobierno carrancista. En especial, el felicismo formado por los antiguos seguidores de Félix Díaz, sobrino de Porfirio Díaz, asolaba la zona petrolera del Golfo de México, especialmente en el estratégico estado de Veracruz. Además de que nuevos actores antigobiernistas cobraban fuerza, como los rebeldes soberanistas en Oaxaca y los finqueros armados en Chiapas.

En el plano internacional, el escenario bélico en Europa durante la primera Guerra Mundial absorbía las energías y los recursos existentes del país vecino del norte. Las inversiones estadounidenses y los créditos que hubieran permitido reactivar la economía nacional, no llegaron; mientras que el gobierno norteamericano presionaba para que su contraparte mexicana se pronunciara a favor de las naciones aliadas y contra Alemania, la nueva potencia europea que aspiraba a invadir a Estados Unidos con el apoyo de México.

Sin recursos, sin apoyo y prácticamente aislado, Venustiano Carranza endureció algunas de sus decisiones de gobierno. Tras el alejamiento de Álvaro Obregón del presidente, ocasionado por su renuncia a la Secretaría de Guerra en 1917, el sonorense anunció en junio de 1919 su decisión de contender por la Presidencia de la República en las elecciones de 1920. La candidatura de Obregón contó con el apoyo de algunos de los principales jefes del ejército, el Partido Liberal Constitucionalista, el Partido Cooperativista Nacional y la Confederación Regional Obrera Mexicana (CROM).

Ante la abrumadora superioridad de gestión política de Obregón, Carranza optó por la inteligencia estratégica y sus dos principales asesores: Félix Palavicini y Luis Cabrera –Blas Urrea– atacaron al obregonismo mediante una campaña de prensa, que mostraba al sonorense y a sus seguidores como representantes de la opción militarista, mientras que identificaban al presidente Carranza como civilista. Obregón quedó así asociado "al caudillismo militar como un mal y como un obstáculo para la democracia y el avance del país".[1]

Pese a los esfuerzos de Carranza por detener a Obregón en sus aspiraciones presidenciales, este último continuó fortaleciéndose. Sorpresivamente buscó alianzas con antiguos enemigos acérrimos del constitucionalismo, como Félix Díaz. A su vez, Pablo González, comandante en jefe del Ejército del Noreste y antiguo aliado del primer jefe, declinó su interés por contender con el sonorense por la Presidencia de la República. El Manco de Celaya, como la gente

---

[1] Felipe Ávila *et al.*, *Historia breve de la Revolución mexicana*, México, Instituto Nacional de Estudios Históricos de las Revoluciones Mexicanas, 2015, p. 285.

nombraba afectuosamente a Obregón, inicio su campaña presidencial en enero de 1920, con un exitoso recorrido por el norte del territorio nacional que culminó en la Ciudad de México.

Con la finalidad de detener la vertiginosa carrera del obregonismo a Palacio Nacional, Venustiano Carranza envió "una columna de 8 mil hombres al mando de Manuel M. Diéguez a Sonora, con el propósito, según se argumentó, de someter a los yaquis, aquellos indómitos indígenas [...]. El gobernador de la entidad en 1920, Adolfo de la Huerta, el congreso local y todos los principales jefes obregonistas sonorenses consideraron esa movilización como un atentado que violaba la soberanía del Estado y le declararon la guerra a Carranza".[2]

Obregón logró huir de la Ciudad de México y, antes de encaminarse al norte del país, se dirigió al estado de Morelos en busca del apoyo de Genovevo de la O, uno de los principales jefes del Ejército Libertador del Sur de Emiliano Zapata. La reacción militar del obregonismo quedó al mando del exgobernador de Sonora, Plutarco Elías Calles, mientras que la respuesta política de los sonorenses se expresó el 23 de abril de 1920 mediante el plan político conocido como de Agua Prieta.

La rebelión aguaprietista desconoció el gobierno de Carranza, quien abandonó la Ciudad de México con rumbo al puerto de Veracruz. En el camino, al cruzar agrestes pasajes en el estado de Puebla, encontró la muerte la madrugada del 21 de mayo de 1920 en la localidad de Tlaxcalantongo. Me referiré con más detalle en el siguiente capítulo a las dramáticas circunstancias que rodearon este hecho.

[2] Ibídem, p. 287.

En 1920, a diez años de la insurrección maderista con la bandera antirreeleccionista, la facción revolucionaria triunfante fue la sonorense. Álvaro Obregón tomó las riendas del país y dio inicio una nueva era en la historia nacional. Notablemente, sólo hasta 1929, con la fundación del Partido Nacional Revolucionario, el país alcanzó la madurez necesaria para resolver los conflictos políticos por la vía institucional.

El juicio de la historia:
ocaso, fin y mito

El juicio de la historia

El Venustiano Carranza que trazó mi pluma no fue ganador ni perdedor en la lucha de facciones que se desató en el año de 1914, una vez que el gobierno de Victoriano Huerta fue reemplazado por su primera jefatura y las ambiciones personales de los caudillos se concentraron en disparar las balas de los fusiles y los cañones. Más bien se enseñoreó, con estatura de verdadero estadista, por encima de las pugnas de poder que libraron el orozquismo, el villismo, el zapatismo y el felicismo en su afán por imponer a la nación sus puntos de vista y sus intereses.

Mientras que por amplias zonas del territorio nacional cabalgaban revoluciones, revolucionarios y sueños de poder –nunca realizados por fantasear con un México inexistente–, Carranza y sus aliados practicaron el difícil arte de reformar al país para mejorar aquel heredado del liberalismo triunfante. Él forjó en el ánimo del constitucionalismo, la Constitución de 1857 y también la imagen de un Benito Juárez itinerante con la república a cuestas. No es fruto del azar –es necesario repetirlo– que Veracruz, Querétaro y el 5 de febrero, hayan aparecido sólidamente en las acciones de Carranza, creo que esos lugares y esa fecha fueron los buenos y favorables augurios de los que hecho mano el Barón de Cuatro Ciénegas para inspirar sus decisiones. Ser un nuevo Benito Juárez en los albores del siglo xx: ¡qué hermoso anhelo!

Venustiano Carranza es uno de los mejores seres humanos que he conocido, por desgracia no de forma personal, pero sí por medio de sus escritos y discursos, y, principalmente, mediante la obra política que edificó en buena medida el México que me vio nacer, y del que mis hijos ya son también beneficiarios. Su nombre está grabado con letras de oro en la memoria de la sociedad mexicana y sus instituciones. La herencia que nos legó es del tamaño e importancia que la de don Benito Juárez y de los próceres del movimiento de Independencia que nos dieron patria. Se cuentan con los dedos de la mano los personajes de la historia nacional de quienes se puede afirmar tal cosa.

Poco fue, sin embargo, y me parece que éste es el momento de declarar a los lectores mi culpabilidad al respecto, el espacio que dediqué a hablar de los claroscuros en la personalidad de Venustiano Carranza.

Ser humano al fin, la suya fue una vida que incluyó luces y, asimismo, sombras. ¿Mito o realidad?, no lo sé y dejo al lector la vara de juzgar si los rumores son ciertos acerca de, por ejemplo, su preocupación por pasar a la posteridad, que lo llevaba a encontrarse continuamente con la lente de una cámara fotográfica. ¿Apetito por ser recordado y admirado?, ¿vanidad?, o quizás entendimiento de lo que habría de venir. Queda en los lectores la última palabra.

El ocaso

Al percatarse del agravamiento de la situación política y militar derivada de la rebelión aguaprietista, el presidente Venustiano Carranza mandó llamar a México al general Francisco Murgía y lo nombró encargado de la comandancia militar del Valle de México.

Narra su sobrino Jesús Carranza que el día 6 de mayo de 1920:

> Había un inusitado movimiento por las calles de la Ciudad de México, de toda clase de vehículos: carretas, camiones, tranvías, carros, etcétera, para el traslado de mobiliario equipos de oficina, archivos, maquinaria, valores en metálico, documentos y demás implementos de las oficinas gubernamentales; todo lo cual urgía fuesen embarcados en los trenes que se estaban formando en las estaciones de Buenavista y Colonia.[1]

En la mañana del día siguiente, el 7 de mayo, tomó su desayuno y se despidió de sus hijas Julia y Virginia "a quienes tiernamente abrazó besándolas en la frente".[2] Cabe mencionar a propósito del ocaso de su vida, que con su esposa Virginia Salinas procreó a ambas hijas y enviudó el 9 de noviembre de 1919, siendo ya presidente constitucional. Al respecto de su progenie se sabe que: "Al igual que muchos otros hombres de esa época, Carranza también tuvo relaciones fuera del matrimonio; con Ernestina de la Garza procreó otros cuatro hijos, que presuntamente Julia ayudó a criar después del asesinato de su padre en 1920".[3]

---

[1] Jesús Carranza Castro, *op. cit.*, p. 520.

[2] Ibídem, p. 521.

[3] Luis Barrón, *op. cit.*, p. 31.

Acompañado por su ayudante, el capitán Ignacio Suárez, salió de la casa de Lerma 35 y marchó a pie a la estación Colonia del ferrocarril de la Ciudad de México, donde se encontraba el tren que lo llevaría al puerto de Veracruz.

Tras incontables cambios de planes y traiciones de quienes hasta ese momento le habían jurado lealtad como presidente de la república, Carranza abandonó los trenes en los que salió de la Ciudad de México; llevaba como escolta a unos 500 hombres.

El épico relato de esos días finales se refiere a uno de los momentos decisivos en los que una decisión tomada ante las acuciosas circunstancias marcaría el derrotero final:

> Después de abandonar los trenes del convoy presidencial, el presidente y sus acompañantes se dirigieron al rancho de Santa María en donde resolvieron el rumbo que deberían tomar; pues de momento se encontraban en una encrucijada, ya que no podían tomar el camino de Veracruz por haberse rebelado ahí el general Guadalupe Sánchez. Salir rumbo a la sierra de Veracruz por Perote era entregarse en manos de Higinio Aguilar, por lo que el licenciado Cabrera, uno de los acompañantes del presidente, se ofreció conducirlos por la sierra de Puebla que él conocía por ser oriundo de la región.[4]

El fin

Los caminos se cerraban en tanto que los enemigos del Barón de Cuatro Ciénegas se multiplicaban, probablemente viendo la oportunidad de ganar los aplausos de quienes se perfilaban como nuevos

---

[4] Jesús Carranza Castro, *op. cit.*, p. 537.

gobernantes de un país otra vez amenazado por el fuego de las armas. El puerto de Veracruz, la instancia salvadora de Carranza y su comitiva, donde el presidente pudo haber encontrado amistades y lealtades que dotaran de nuevas fortalezas a su gobierno, se perdía entre la bruma de la serranía poblana. En su lugar, se perfilaba Tlaxcalantongo, el último lugar donde seguramente este hombre de Estado de valor excepcional imaginó encontrar su humano destino.

> Tlaxcalantongo era una pobre aldea formada por humildes casas con paredes de madera delgada o tejamanil, de techos de dos aguas, muy agudos, de zacate y uno que otro de teja; dispersas, separadas por enyerbados solares y casi deshabitadas. Al pasar frente a la iglesia del lugar, si bien sus muros eran de piedra, a la vista se observaba, por carecer de portón, que el techo bóveda se había derrumbado.[5]

Venustiano Carranza Garza pasó su última noche en un jacal de cuatro por seis metros, con una sola puerta y ningún otro claro, el piso era de tierra apisonada y el único mobiliario era una pequeña mesa y dos banquillos toscamente elaborados.

A manera de sencillo homenaje incluiremos aquí el estremecedor relato de la última traición cometida contra este prócer de la patria, narrado magistralmente por el historiador coahuilense Álvaro Canales. La noche del 20 de mayo de 1920 se encontraba Carranza y sus acompañantes descansando en Tlaxcalantongo, Puebla, tras días de extenuantes jornadas por parajes agrestes:

> Cenaron unas cuatro gallinas que habían comprado en Patla y se tomó café. La lluvia que había empezado al anochecer seguía cayendo

---

[5] Ibídem, p. 547.

ahora con fuerza [...]. Quedaban alojados don Venustiano, Aguirre Berlanga, Mario Méndez, Pedro Gil Farías, capitanes Ignacio Suárez y Octavio Amador, además el fiel y discreto Secundino Reyes. Como a las 3:00 de la mañana un hombre llegó preguntando si en ese alojamiento se encontraba el señor Carranza, decía que debía entregarle al presidente un recado urgente del general Mariel que le enviaba de Villa Juárez. Carranza le pidió que pasara, estaban en una completa oscuridad y don Venustiano pidió cerillos y conseguidos éstos el licenciado Aguirre Berlanga se colocó los anteojos, luego leyó en voz alta que el general Mariel le comunicaba que todo estaba bien. Le hizo unas preguntas al emisario y agregó: "Ahora ya podemos dormir más tranquilos". El joven soldado se retiró y volvió a imperar en la estancia el más completo silencio. Seguía lloviendo y luego se enteraron de que el mensajero no lo era, sino que era un espía que había entrado con un falso recado para enterarse del lugar en que dormía el señor Carranza.[6]

Lo siguiente –y último– que escuchó el presidente de la república arteramente traicionado fueron disparos de arma de fuego. La leyenda cuenta que sus últimas palabras, dirigidas a uno de sus acompañantes, fueron enigmáticas: "Veo verde, licenciado, veo verde", tras lo cual exhaló su último aliento.

El asesino

Cerca de las tres y media de la mañana del 21 de mayo de 1920, mientras descansaba en un jacal de Tlaxcalantongo, en el estado

[6] Álvaro Canales, *op. cit.*, pp. 147-148.

de Puebla, Venustiano Carranza fue vilmente acribillado al tiempo que escuchaba cantidad de barbaries que se fundían con el estruendo de las metralletas que anunciaban su muerte.

Tal como narra Martín Luis Guzmán en su libro Muertes históricas, durante aquella madrugada no se escuchó: "Ni un ¡viva Carranza!, [de] ningún grupo de defensores que opusiera verdadera resistencia..."

En ese entonces, Pablo González Garza era general en jefe del Ejército Liberal Revolucionario. Desde la Ciudad de México seguramente se comunicaba todos los días con el general de brigada Jesús Novoa, jefe del sector de Tulancingo, estado de Hidalgo, para recibir las novedades ocurridas en la región comprendida por los estados de Hidalgo, Puebla, Estado de México, parte de Veracruz y la región de la Huasteca.

Asimismo, el coronel Lindoro G. Hernández, quien se encontraba en Ventoquipa y que se desempeñaba como informador en la región, utilizaba las estaciones de ferrocarril para tener comunicación con Pablo González en la capital. Podemos constatar lo anterior en la serie de telegramas publicados por este último en su libro El centinela fiel del constitucionalismo.

Telegrama del corl. Lindoro G. Hernández al gral. Pablo González, desde Ventoquipa, Hidalgo, a México, D. F. del 17 de mayo de 1920.

Corl. Lindoro G. Hernández desde México, D. F. a Ventoquipa, Hidalgo, del 19 de mayo de 1920.

Núm. 611. Su mensaje de ayer núm. 6. El gral. Novoa, jefe de sector Tulancingo, tiene instrucciones mías para conferenciar con usted. Salúdolo. El gral. j. del E. L. R. Pablo González.

Desde el 17 de mayo se intensificó el número de telegramas, ya que por el territorio pasaba el contingente que llevaba a Venustiano Carranza rumbo a Veracruz, hasta que llegó a la Ciudad de México el trágico telegrama que anunciaba su asesinato. Este mensaje fue enviado desde Necaxa y publicado en la recopilación de noticias sobre este suceso en el periódico El Universal el domingo 23 de mayo de 1920. De este último se desprende la siguiente información:

Núm. 4. Necaxa, el 21 de mayo de 1920. [Fecha de la muerte de Carranza.]

Recibido a la 1:50 a. m. General A. Obregón. Urgente. Hoy decimos al general Pablo González lo siguiente:

Hoy a la madrugada, en el pueblo de Tlaxcalantongo, fue hecho prisionero y asesinado cobardemente al grito de ¡Viva Obregón!, el c. presidente de la república don Venustiano Carranza, por el general Rodolfo Herrero y sus chusmas, violando la hospitalidad que le había brindado. Los firmantes de este mensaje protestamos con toda la energía de nuestra honradez y lealtad ante el mundo entero por esta nueva mancha arrojada sobre la patria. Cumplida la obligación que nuestra dignidad de soldados y amigos nos impone, nos ponemos a la disposición de usted y sólo pedimos llevar el cadáver de nuestro digno jefe hasta su última morada en esa capital, suplicándole ordenar se nos facilite un tren en Beristain para tal objeto. Atentamente.

Firmados: general Juan Barragán, F. de P. Mariel, Federico Montes, Marciano González, Ignacio Bonillas, Coroneles M. Fernández, S. Lima, Arturo Garza, Librado Flores, Eustaquio Durán, Maclovio Mendoza, Victoriano Neyra, Benito Echauri, Horacio Sierra, Dionisio Mariles, Victoriano Farías, mayor Ignacio Meza, capitanes primeros Pedro Rangel, Ismael García, Raúl Fabela, Juan R. Gallo, Fermín Valenzuela, capitanes segundos Santiago Kelly, Ignacio M. Velita, Juan Sánchez, Mariano Gómez, tenientes Pedro Montes, Juan G. Barrón, Manuel Robledo, subtenientes Pascual Zamarrón, Wenceslao Cáceres, Tirso González.

La respuesta de Pablo González fue rápida y a la mañana siguiente ordenó que se procediera a la captura inmediata de Rodolfo Herrero. Estas órdenes fueron transmitidas al jefe del sector de Tulancingo, Jesús S. Novoa, quien emitió el siguiente telegrama:

> Núm. 116. Telegrama del gral. Pablo González al gral. Jesús Novoa desde México, D.F., a Beristain, Hgo. Del 22 de mayo de 1920. Muy urgente.
>
> Núm 770. Tan pronto llegue a Tulancingo el tren que conduce los restos del señor Carranza, sírvase pedirme órdenes y disponer no salga de Tulancingo.
>
> Día 24. El cadáver del sr. Carranza y sus acompañantes viajan toda la noche desde Estación Beristain y, pasando por Tulancingo, Tepa, Tezontepec, Temazcalapa, Tultepec.

El cadáver de Carranza salió el 23 de mayo con destino a la Ciudad de México. Al día siguiente fue sepultado en el Panteón Civil de Dolores en una modesta tumba. Rodolfo Herrero fue procesado en la Secretaría de Guerra, sin embargo, siguió desempeñando diversos encargos hasta que el general Lázaro Cárdenas, a su llegada a la Presidencia de la República, lo expulsó del Ejército mexicano.

Aunque poco se conoce sobre la muerte del asesino de don Venustiano Carranza, se sabe que ocurrió el 24 de enero de 1964.

Herrero pasó a la historia por ser la mano que perpetró el homicidio de uno de los hijos más ilustres de nuestro México.

El mito Carranza

El final de la vida de este mexicano singular se vio envuelto en un velo de misterio. La mitología que se creó en torno a su muerte rebosa de pasajes notables, unos se complementan, otros se contradicen. Algunas voces –muy poco creíbles, por cierto– sostienen que lo asaltaron porque llevaba consigo el oro de la nación robado arteramente al huir de la Ciudad de México y que durante el atraco lo mataron. Otras más, quizás mejor fundamentadas en hechos, afirman que Álvaro Obregón mandó ponerlo bajo arresto y que el propio presidente se quitó la vida al considerar, tal vez en los angustiosos momentos finales, cuánto habría de cambiar el juicio de la historia acerca de su obra si era detenido como un delincuente. En la misma línea de opinión del suicidio hay otra versión, que afirma que lo cometió –se dice– para no perecer de una manera indigna a manos de sus asesinos.

Se sabe, por tradición pasada de boca en boca, que a la muerte de Venustiano Carranza, Álvaro Obregón envió un manojo de flores a Ernestina de la Garza y a sus cuatro hijos, el cual fue arrojado por la ventana de la casona ubicada en las cercanías de Paseo de la Reforma, en la Ciudad de México, residencia que el lector recordará por haberse encontrado en ella una interesante colección de libros pertenecientes a la biblioteca personal del Barón de Cuatro Ciénegas. Se dice que con el floral obsequio venía el ofrecimiento del sonorense de asignar una pensión a los deudos, el cual fue rechazado de forma tajante en una misiva en la que se afirmaba que no podían aceptar dicha pensión "de quien había mandado asesinar a su padre", y que al lado de los nombres de los firmantes se leía la leyenda "atentamente sus enemigos".

A mí me queda claro que los mitos y dichos de la tradición oral forman una densa bruma en torno a este mexicano excepcional, razón por la cual nuevamente dejo a los lectores la última palabra.

Epílogo

Ser un Venustiano Carranza
en el México de hoy

Como expuse en las primeras páginas del libro, la trayectoria y obra de este personaje han acompañado mis andares durante buena parte de mi vida. Asombro, admiración y respeto profundo son algunas de las emociones que ha despertado en mí, pero en la actualidad hay un anhelo que es aún más intenso: emularlo.

Aprender las lecciones que su vida y su obra nos dan en el presente de nuestro México, en esta segunda década del siglo XXI, que ya se enfila hacia su culminación, es actualmente una de mis principales preocupaciones al ver a nuestro país, a cien años de la promulgación de la Constitución de 1917, enfrentando ahora, como entonces, grandes retos y desafíos inéditos en la historia patria. Al mismo tiempo, claramente anida en mí la convicción de invitar, otra vez, a los jóvenes mexicanos a ser ellos mismos nuevos *venustianos carranzas* en los ámbitos de su propia vida, de sus actividades cotidianas.

¿Pero qué es ser un Venustiano Carranza en el México de hoy? Recordémoslo para que conociéndolo lo imitemos. Desde joven practicó el valor de la rebeldía, de ese rebelarse contra quienes amenazan los valores y principios en que se cree. Con verdadera visión de hombre de Estado, defendió incondicionalmente los ideales de una vida social organizada mediante un pacto social de acuerdo al modelo republicano de gobierno, con un respeto irrestricto a la libertad de cada ciudadano en el marco de las garantías fundamentales.

Liberal y juarista, se rebeló en su natal Coahuila contra la imposición de poderosos que pretendían quedar por encima de la ley consagrándose a sí mismos como tiranos. Sus caminos estuvieron marcados por el tesón, el ir y venir infatigablemente, una y otra vez sin importar los fracasos y sinsabores, con apasionada terquedad en busca del orden establecido por un Estado de derecho en el marco del imperio de la ley. Fue un mexicano que supo dar la cara por el bien común y el bienestar de los demás, primero con la fuerza del derecho en el ámbito de instituciones reguladas por la ley, practicando como un maestro el arte de la política.

Venustiano Carranza fue un idealista que combinó sus creencias, valores y principios con un singular talento de estratega capaz de construir el mundo justo y próspero en que deseaba vivir. Y lo hizo con otros, con muchos otros que compartieron sus anhelos y se decidieron, como él, a dejar a un lado la indiferencia y el conformismo, arriesgando su comodidad y hasta su vida.

A este mexicano ilustre debe honrársele con las decisiones y acciones de cada día en los diferentes ámbitos donde transcurre la vida cotidiana de todos los mexicanos. Invito a los jóvenes en los distintos rincones del país, sin distingo de su origen y preferencias, a ser también constructores de una patria en la que todos los mexicanos encuentren un camino de superación que les permita lograr sus sueños y sus anhelos, viendo que al hacerlos realidad los demás también logren los suyos.

Hoy, como en 1913, hay grandes retos por superar en el ámbito nacional e internacional. Hoy, como en 1917, es necesario hacer vida el actual texto constitucional, fruto de constantes adecuaciones resultantes de la concertación de todas las fuerzas políticas legalmente reconocidas.

Seamos todos *venustianos carranzas,* es decir, apasionados constructores de una patria más próspera e incluyente en el marco de la ley, más digna y más fuerte para goce nuestro y de las generaciones por venir.

Anexos

Anexo 1. Plan de Guadalupe

Manifiesto a la Nación

Considerando que el general Victoriano Huerta a quien el presidente constitucional don Francisco I. Madero había confiado la defensa de las instituciones y legalidad de su gobierno, al unirse a los enemigos rebeldes en armas en contra de ese mismo gobierno, para restaurar la última dictadura, cometió el delito de traición para escalar el poder, aprehendiendo a los cc. presidente y vicepresidente, así como a sus ministros, exigiéndoles por medios violentos la renuncia de sus puestos, lo cual está comprobado por los mensajes que el mismo general Huerta dirigió a los gobernadores de los Estados comunicándoles tener presos a los supremos magistrados de la nación y su gabinete. Considerando: que los Poderes Legislativo y Judicial han reconocido y amparado en contra de las leyes y preceptos constitucionales al general Victoriano Huerta y sus ilegales y antipatrióticos procedimientos; y considerando, por último, que algunos gobiernos de los estados de la Unión han reconocido al gobierno ilegítimo impuesto por la parte del ejército que consumó la traición mandado por el mismo general Huerta, a pesar de haber violado la soberanía de esos mismos estados, cuyos gobernantes debieron ser los primeros en desconocerlo, los suscritos, jefes y oficiales con mando de fuerzas constitucionalistas, hemos acordado y sostendremos con las armas el siguiente Plan.

1º   Se desconoce al general Victoriano Huerta como presidente de la república.

2º   Se desconoce también a los Poderes Legislativo y Judicial de la Federación.

3º   Se desconoce a los gobiernos de los estados que aún reconozcan a los poderes federales que forman la actual administración, treinta días después de la publicación de este Plan.

4º   Para la organización del ejército encargado de hacer cumplir nuestros propósitos, nombramos como primer jefe del ejército que se denominará *constitucionalista*, al ciudadano Venustiano Carranza, gobernador del estado de Coahuila.

5º   Al ocupar el Ejército Constitucionalista la Ciudad de México, se encargará interinamente del Poder Ejecutivo el ciudadano Venustiano Carranza, primer jefe del Ejército, o quien lo hubiere sustituido en el mando.

6º   El presidente interino de la república convocará a elecciones generales tan luego como se haya consolidado la paz, entregando el poder al ciudadano que hubiere sido electo.

7º   El ciudadano que funja como primer jefe del Ejército Constitucionalista en los Estados cuyos gobiernos hubieren reconocido al de Huerta, asumirá el cargo de gobernador provisional y convocará a elecciones locales, después de que hayan tomado posesión de sus cargos los ciudadanos que hubieren sido electos para desempeñar los altos poderes de la Federación, como lo previene la base anterior.

Firmado en la Hacienda de Guadalupe, Coah., a los 26 días del mes de marzo de 1913.

Adiciones al Plan de Guadalupe publicadas en el decreto emitido en la ciudad de Veracruz el 12 de diciembre de 1914

Considerando:

- Que al efectuarse el 19 de febrero de 1913, la aprehensión del presidente y vicepresidente de la república, por el exgeneral Victoriano Huerta, y usurpar este el poder público de la Nación, el día 20 del mismo mes, privando luego de la vida a los funcionarios legítimos, se interrumpió el orden constitucional y quedó la República sin gobierno legal;
- Que el que suscribe, en su carácter de gobernador constitucional de Coahuila, tenía protestado de una manera solemne cumplir y hacer cumplir la Constitución general y que, en cumplimiento de este deber y de tal protesta, estaba en la forzosa necesidad de tomar las armas para combatir la usurpación

perpetrada por Huerta, y restablecer el orden constitucional en la república mexicana;

- Que este deber le fue, además, impuesto, de una manera precisa y terminante, por decreto de la Legislatura de Coahuila, en el que se ordenó categóricamente desconocer al gobierno usurpador de Huerta y combatirlo por la fuerza de las armas, hasta su completo derrocamiento;

- Que, en virtud de lo ocurrido, el que suscribe llamó a las armas a los mexicanos patriotas, y con los primeros que lo siguieron formó el Plan de Guadalupe, de 26 de marzo de 1913, que ha venido sirviendo de bandera y de estatuto a la Revolución constitucionalista;

- Que de los grupos militares que se formaron para combatir la usurpación Huertista, las Divisiones del Noroeste, Noreste, Oriente, Centro y Sur, operaron bajo la dirección de la primera jefatura, habiendo existido entre esta y aquellas perfecta armonía y completa coordinación en los medios de acción para realizar el fin propuesta; No habiendo sucedido lo mismo con la División del Norte, que, bajo la dirección del general Francisco Villa, dejó ver desde un principio tendencias particulares y se sustrajo, al cabo, por completo, a la obediencia del cuartel general de la Revolución constitucionalista, obrando por su sola iniciativa, al grado de que la primera jefatura ignora hoy, en gran parte, los medios de que se ha valido el expresado general para proporcionarse fondos y sostener la campaña, el monto de esos fondos, el uso que de ellos haya hecho;

- Que una vez que la Revolución triunfante llegó a la capital de la república, trataba de organizar debidamente el, gbierno provisional y se disponía, además, a atender las demandas de la opinión pública, dando satisfacción a las imperiosas exigencias

de reforma social que el pueblo ha menester, cuando tropezó
con las dificultades que la reacción había venido preparando
en el seno de la División del Norte, con propósito de frustrar
los triunfos alcanzados por los esfuerzos del Ejército Constitucionalista.

Anexo 2. Discurso de Venustiano Carranza pronunciado en la Convención de la Ciudad de México de 1914 ante los jefes revolucionarios

Al iniciarse la lucha por la legalidad contra la dictadura rebelde,
ofrecí a ustedes convocarlos a una solemne convención que tendría lugar en la capital de la república, cuando fuera ocupada por el
Ejército Constitucionalista, y conforme al Plan de Guadalupe, acep-
tando por todos ustedes me hiciera yo cargo del Poder Ejecutivo de
la Unión. Me es grato cumplir hoy el ofrecimiento que les hice. En
consecuencia, todos ustedes discutirán el programa político del gobierno provisional de la república y los asuntos de interés general
que conduzcan al país a la realización de los ideales de justicia y
de libertad, por lo que tan esforzadamente hemos luchado. Durante
la campaña, los jefes del Ejército Constitucionalista con quienes
hablé, inclusive los de la División del Norte, estuvieron conformes
conmigo en que esta Convención señalaría la fecha en que debieran
efectuarse las elecciones que restablezcan el orden constitucional,
fin supremo del movimiento legalista. Igualmente, todos los jefes
del Ejército, convinieron conmigo en que el gobierno provisional
debía implantar las reformas sociales y políticas que en esta Convención se considerarán de urgente necesidad pública, antes del

restablecimiento del orden constitucional. Las reformas sociales y políticas de que hablé a los principales jefes del Ejército, como indispensables para satisfacer las aspiraciones del pueblo en sus necesidades de libertad económica, de igualdad política y de paz orgánica son, brevemente enumeradas, las que en seguida expreso: El aseguramiento de la libertad municipal, como base de la división política de los estados y como principio y enseñanza de todas las prácticas democráticas. La resolución del problema agrario, por medio del reparto de los terrenos nacionales, de los terrenos que el gobierno compre a los grandes propietarios y de los terrenos que se expropien por causa de utilidad pública. Que los municipios, por causa de utilidad pública expropien en todas las negociaciones establecidas en lugares que tengan más de 500 habitantes, la cantidad necesaria de terreno para pagar la edificación de escuelas, mercados y casa de justicia. Obligar a las negociaciones a que paguen en efectivo, y a mas tardar semanariamente a todos los trabajadores, el precio de su labor. Dictar disposiciones relativas a la limitación de las horas de trabajo, al descanso dominical, a los accidentes que en el trabajo sufran los operarios, y en general al mejoramiento de las condiciones económicas de la clase obrera. Hacer en todo nuestro territorio el catastro de la propiedad en el sentido de valorizarla lo más exactamente que sea posible, con el objeto de obtener la equitativa proporcionalidad de los impuestos. Nulificar todos los contratos, concesiones e igualas anticonstitucionales. Reformar los aranceles con un amplio espíritu de libertad en las transacciones mercantiles internacionales, cuidando de no afectar hondamente las industrias del país, con el objeto de facilitar a la clase proletaria y media la importación de artículos de primera necesidad y los de indispensable consumo, que no se produzcan en la república.

Reformar la legislación bancaria, estudiando la conveniencia de su unificación o del establecimiento de un banco del Estado.

Anexo 3. Discurso inaugural de Carranza ante el Congreso Constituyente de Querétaro, leído el primero de diciembre de 1916

El c. presidente, hizo la siguiente declaratoria: El Congreso Constituyente de los Estados Unidos Mexicanos abre hoy, primero de diciembre de 1916, el periodo único de sesiones.

Ciudadanos diputados:

Una de las más grandes satisfacciones que he tenido hasta hoy, desde que comenzó la lucha, que, en mi calidad de gobernador constitucional del Estado de Coahuila, inicié contra la usurpación del gobierno de la república, es la que experimento en estos momentos, en que vengo a poner en vuestras manos, en cumplimiento de una de las promesas que en nombre de la revolución hice en la heroica ciudad de Veracruz al pueblo mexicano: el proyecto de constitución reformada, proyecto en el que están contenidas todas las reformas políticas que la experiencia de varios años, y una observación atenta y detenida, me han sugerido como indispensables para cimentar, sobre las bases sólidas, las instituciones, al amparo de las que deba y pueda la nación laborar últimamente por su prosperidad, encauzando su marcha hacia el progreso por la senda de la libertad y del derecho; porque si el derecho es el que regulariza la función de todos los elementos sociales, fijando a cada uno su esfera de acción, ésta no puede ser en manera alguna provechosa, si en el campo que debe ejercitarse y desarrollarse, no tiene la espontaneidad y la seguridad, sin las que carecerían del elemento que, coordinando las aspiraciones y las esperanzas de todos los miembros de la sociedad, los lleva a buscar en el bien de todos la prosperidad de cada uno, estableciendo y realizando el gran principio de la solidaridad, sobre el que deben descansar todas las instituciones que tienden a buscar y realizar el perfeccionamiento humano.

La constitución política de 1857, que nuestros padres nos dejaron como legado precioso, a la sombra de la cual se ha consolidado la nacionalidad mexicana; que entró en el alma popular con la Guerra de Reforma, en la que se alcanzaron grandes conquistas, y que fue la bandera que el pueblo llevó a los campos de batalla en la guerra contra la intervención, lleva indiscutiblemente, en sus preceptos, la consagración de los más altos principios, reconocidos al fulgor del incendio que produjo la revolución más grande que presenció el mundo en las postrimerías del siglo xviii, sancionados por la práctica constante y, pacífica que de ellos se ha hecho por dos de los pueblos más grandes y más poderosos de la tierra: Inglaterra y los Estados Unidos.

Mas, desgraciadamente, los legisladores de 1857 se conformaron con la proclamación de principios generales que no procuraron llevar a la práctica, acomodándolos a las necesidades del pueblo mexicano para darles pronta y cumplida satisfacción; de manera que nuestro código político tiene en general el aspecto de fórmulas abstractas en que se han condensado conclusiones científicas de gran valor especulativo, pero de las que no ha podido derivarse sino poca o ninguna utilidad positiva.

En efecto, los derechos individuales que la Constitución de 1857 declara que son la base de las instituciones sociales, han sido conculcados de una manera casi constante por los diversos gobiernos que desde la promulgación de aquélla se han sucedido en la república; las leyes orgánicas del juicio de amparo ideado para protegerlos, lejos de llegar a un resultado pronto y seguro, no hicieron otra cosa que embrollar la marcha de la justicia, haciéndose casi imposible la acción de los tribunales, no sólo de los federales, que siempre se vieron ahogados por el sinnúmero de expedientes, sino también de los comunes, cuya marcha quedó obstruida por virtud de los autos de suspensión que sin tasa ni medida se dictaban.

Pero hay más todavía. El recurso de amparo, establecido con un alto fin social, pronto se desnaturalizó, hasta, quedar, primero, convertido en arma política; y, después, en medio apropiado para acabar con la soberanía de los estados; pues de hecho quedaron sujetos de la revisión de la Suprema Corte hasta los actos más insignificantes de las autoridades de aquéllos; y como ese alto tribunal, por la forma en que se designaban sus miembros, estaba completamente a disposición del jefe del Poder Ejecutivo, se llegó a palpar que la declaración de los derechos del hombre al frente de la Constitución federal de 1857, no había tenido la importancia práctica que de ella se esperaba.

En tal virtud, la primera de las bases sobre que descansa toda la estructura de las instituciones sociales, fue ineficaz para dar solidez a éstas y adaptarlas a su objeto, que fue relacionar en forma práctica y expedita al individuo con el Estado y a éste con aquél, señalando sus respectivos límites dentro de los que debe desarrollarse su actividad, sin trabas de ninguna especie, y fuera de las que se hace perturbadora y anárquica si viene de parte del individuo, o despótica y opresiva si viene de parte de la autoridad.

Mas el principio de que se acaba de hacer mérito, a pesar de estar expresa y categóricamente formulado, no ha tenido, en realidad, valor práctico alguno, no obstante que en el terreno del derecho constitucional es de una verdad indiscutible. Lo mismo ha pasado exactamente con los otros principios fundamentales que informan la misma Constitución de 1857, los que no han pasado, hasta ahora, de ser una bella esperanza, cuya realización se ha burlado de una manera constante.

Y, en efecto; la soberanía nacional, que reside en el pueblo, no expresa ni ha significado en México una realidad, sino en poquísimas ocasiones, pues si no siempre, sí casi de una manera rara vez interrumpida, el poder público se ha ejercido, no por el mandato libremente conferido por la voluntad de la nación, manifestada en la forma que la ley señala, sino por imposiciones de los que han tenido en sus manos la fuerza pública para investirse a sí mismos o investir a personas designadas por ellos, con el carácter de representantes del pueblo.

Tampoco ha tenido cumplimiento y, por lo tanto, valor positivo apreciable, el otro principio fundamental claramente establecido por la Constitución de 1857, relativo a la división del ejercicio del poder público, pues tal división sólo ha estado, por regla general, escrita en la ley, en abierta oposición con la realidad, en la que, de hecho, todos los poderes han estado ejercidos por una sola persona, habiéndose llegado hasta el grado de manifestar, por una serie de hechos constantemente repetidos, el desprecio a la ley suprema, dándose sin el menor obstáculo al jefe del Poder Ejecutivo la facultad de legislar sobre toda clase de asuntos, habiéndose reducido a esto la función del Poder Legislativo, el que de hecho quedó reducido a delegar facultades y aprobar después lo ejecutado por virtud de ellas, sin que haya llegado a presentarse el caso, ya no de que reprobase, sino al menos de que hiciese observación alguna.

Igualmente, ha sido hasta hoy una promesa vana el precepto que consagra la federación de los estados que forman la república mexicana, estableciendo que ellos deben de ser libres y soberanos en cuanto a su régimen interior, ya que la historia del país demuestra que, por regla general y salvo raras ocasiones, esa soberanía no ha sido más que nominal, porque ha sido el poder central el que siempre ha impuesto su voluntad, limitándose las autoridades de cada estado a ser los instrumentos ejecutores de las órdenes emanadas de aquél. Finalmente, ha sido también vana la promesa de la Constitución de 1857, relativa a asegurar a los estados la forma republicana, representativa y popular, pues a la sombra de este principio, que también es fundamental en el sistema de gobierno federal adoptado para la nación entera, los poderes del centro se han ingerido en la administración interior de un Estado cuando sus gobernantes no han sido dóciles a las órdenes de aquéllos, o sólo se ha dejado que en cada entidad federativa se entronice un verdadero cacicazgo, que no otra cosa ha sido, casi invariablemente, la llamada administración de los gobernadores que ha vista la nación desfilar en aquéllas.

La historia del país, que vosotros habéis vivido en buena parte en estos últimos años, me prestaría abundantísimos datos para comprobar ampliamente las aseveraciones que dejo apuntadas; pero aparte de que vosotros, estoy seguro, no las pondréis en duda, porque no hay mexicano que no conozca todos los escándalos causados por las violaciones flagrantes a la Constitución de 1857, esto demandaría exposiciones prolijas, del todo ajenas al carácter de una reseña breve y sumaria, de los rasgos principales de la iniciativa que me honro hoy en poner en vuestras manos, para que la estudiéis con todo el detenimiento y con todo el celo que de vosotros espera la nación, como el remedio a las necesidades y miserias de tantos años. En la parte expositiva del decreto de 14 de septiembre del corriente año, en el que se modificaron algunos artículos de las adiciones al Plan de Guadalupe, expedidas en la heroica Veracruz el 12 de diciembre de 1914, expresamente ofreció el gobierno de mi cargo que en las reformas a la Constitución de 1857, que iniciaría ante este Congreso, se conservaría intacto el espíritu liberal de aquélla y la forma de gobierno en ella establecida; que dichas reformas sólo se reducirían a quitarle lo que la hace inaplicable, a suplir sus deficiencias, a disipar la obscuridad de algunos de sus preceptos, y a limpiarla de todas las reformas que no hayan sido inspiradas más que en la idea de poderse servir de ella para entronizar la dictadura.

No podré deciros que el proyecto que os presento sea una obra perfecta, ya que ninguna que sea hija de la inteligencia humana puede aspirar a tanto; pero creedme, señores diputados, que las reformas que propongo son hijas de una convicción sincera, son el fruto de mi personal experiencia y la expresión de mis deseos hondos y vehementes porque el pueblo mexicano alcance el goce de todas las libertades, la ilustración y progreso que le den lustre y respeto en el extranjero, y paz y bienestar en todos los asuntos domésticos.

Voy, señores diputados, a haceros una síntesis de las reformas a que me he referido, para daros una idea breve y clara de los principios que me han servido de guía, pues así podréis apreciar si he logrado el objeto que me he propuesto, y qué es lo que os queda por hacer para llenar debidamente vuestro cometido.

Siendo el objeto de todo gobierno el amparo y protección del individuo, o sea de las diversas unidades de que se compone el agregado social, es incuestionable que el primer requisito que debe llenar la Constitución Política, tiene que ser la protección otorgada, con cuanta precisión y claridad sea dable, a la libertad humana, en todas las manifestaciones que de ella derivan de una manera directa y necesaria, como constitutivas de la personalidad del hombre.

La Constitución de un pueblo no debe procurar, si es que ha de tener vitalidad que le asegure larga duración, poner límites artificiales entre el Estado y el individuo, como si se tratara de aumentar el campo a la libre acción de uno y restringir la del otro, de modo que lo que se da a uno sea la condición de la protección de lo que se reserva el otro; sino que debe buscar que la autoridad que el pueblo concede a sus representantes, dado que a él no le es posible ejercerla directamente, no pueda convertirse en contra de la sociedad que la establece, cuyos derechos deben quedar fuera de su alcance, supuesto que ni por un momento hay que perder de vista que el gobierno tiene que ser forzosa y necesariamente el medio de realizar todas las condiciones sin las cuales el derecho no puede existir y desarrollarse.

Partiendo de este concepto, que es él primordial, como que es el que tiene que figurar en primer término, marcando el fin y objeto de la institución del gobierno, se dará a las instituciones sociales su verdadero valor, se orientará convenientemente la acción de los poderes públicos y se terminarán hábitos y costumbres sociales y políticas, es decir, procedimientos de gobierno que hasta hoy no han podido fundamentarse, debido a que si el pueblo mexicano no tiene la creencia en un pacto social en que repose toda la organización política ni en el origen divino de un monarca, señor de vidas y haciendas, sí comprende muy bien que las instituciones que tiene, si bien proclaman altos principios, no se amoldan a su manera de sentir y de pensar, y que lejos de satisfacer necesidades, protegiendo el pleno uso de la libertad, carecen por completo de vida, dominados, como han estado, por un despotismo militar enervante y por explotaciones inicuas, que han arrojado a las clases más numerosas a la desesperación y a la ruina.

Ya antes dije que el deber primordial del gobierno es facilitar las condiciones necesarias para la organización del derecho o, lo que es lo mismo, cuidar de que se mantengan intactas todas las manifestaciones de libertad individual, para que, desarrollándose el elemento social, pueda, a la vez que conseguirse la coexistencia pacífica de todas las actividades, realizarse la unidad de esfuerzos y tendencias en orden a la prosecución del fin común: la felicidad de todos los asociados.

Por esta razón, lo primero que debe hacer la Constitución política de un pueblo, es garantizar, de la manera más amplia y completa posible, la libertad humana, para evitar que el gobierno, a pretexto del orden o de la paz, motivos que siempre alegan los tiranos para justificar sus atentados, tenga alguna vez de limitar el derecho y no respetar su uso íntegro, atribuyéndose la facultad exclusiva de dirigir la iniciativa individual y la actividad social, esclavizando al hombre y a la sociedad bajo su voluntad omnipotente.

La Constitución de 1857 hizo, según antes he expresado, la declaración de que los derechos del hombre son la base y objeto de todas las instituciones sociales; pero, con pocas excepciones, no otorgó a esos derechos las garantías debidas, lo que tampoco hicieron las leyes secundarias, que no llegaron a castigar severamente la violación de aquéllas, porque sólo fijaron penas nugatorias, por insignificantes, que casi nunca se hicieron efectivas. De manera que, sin temor de incurrir en exageración, puede decirse que a pesar de la Constitución mencionada, la libertad individual quedó por completo a merced de los gobernantes.

El número de atentados contra la libertad y sus diversas manifestaciones, durante el período en que la Constitución de 1857 ha estado en vigor, es sorprendente; todos los días ha habido quejas contra los abusos y excesos de la autoridad, de uno a otro extremo de la república; y sin embargo de la generalidad del mal y de los trastornos que constantemente ocasionaba, la autoridad judicial de la Federación no hizo esfuerzos para reprimirlo, ni mucho menos para castigarlo.

La imaginación no puede figurarse el sinnúmero de amparos por consignación al servicio de las armas, ni contra las arbitrariedades de los jefes políticos, que fueron, más que los encargados de mantener el orden, los verdugos del individuo y de la sociedad; y de seguro que causaría, ya no sorpresa, sino asombro, aun a los espíritus más despreocupados y más insensibles a las desdichas humanas, si en estos momentos pudieran contarse todos los atentados que la autoridad judicial federal no quiso o no pudo reprimir.

La simple declaración de derechos, bastante en un pueblo de cultura elevada, en que la sola proclamación de un principio fundamental de orden social y político, es suficiente para imponer respeto, resulta un valladar ilusorio donde, por una larga tradición y por usos y costumbres inveterados, la autoridad ha estado investida de facultades omnímodas, donde se ha atribuido poderes para todo y donde el pueblo no tiene otra cosa que hacer más que callar y obedecer.

A corregir ese mal tienden las diversas reformas que el gobierno de mi cargo propone, respecto a la sección primera del título primero de la Constitución de 1857, y abrigo la esperanza de que con ellas y con los castigos severos que el Código Penal imponga a la conculcación de las garantías individuales, se conseguirá que los agentes del poder público sean lo que deben ser: instrumentos de seguridad social, en vez de ser lo que han sido, los opresores de los pueblos que han tenido la desgracia de caer en sus manos.

Prolijo sería enumerar una por una todas las reformas que sobre este particular se proponen en el proyecto que traigo a vuestro conocimiento; pero séame permitido hablar de algunas, para llamar de una manera especial vuestra atención sobre la importancia que revisten.

El artículo 14 de la Constitución de 1857, que en concepto de los constituyentes, según el texto de aquél y el tenor de las discusiones a que dio lugar, no se refirió más que a los juicios del orden penal, después de muchas vacilaciones y de resoluciones encontradas de la Suprema Corte, vino definitivamente a extenderse los juicios civiles, lo que dio por resultado, según antes expresé, que la autoridad judicial de la federación se convirtiese en revisora de todos los actos de las autoridades judiciales de los estados; que el poder central, por la sugestión en que tuvo siempre a la Corte, pudiese ingerirse en la acción de los tribunales comunes, ya con motivo de un interés político, ya para favorecer los intereses de algún amigo o protegido, y que debido al abuso del amparo, se recargasen las labores de la autoridad judicial federal y se entorpeciese la marcha de los juicios del orden común.

Sin embargo de esto, hay que reconocer que en el fondo de la tendencia a dar al artículo 14 una extensión indebida, estaba la necesidad ingente de reducir a la autoridad judicial de los Estados a sus justos límites, pues bien pronto se palpó que convertidos los jueces en instrumentos ciegos de los gobernadores, que descaradamente se inmiscuían en asuntos que estaban por completo fuera del alcance de sus atribuciones, se hacía preciso tener un recurso, acudiendo a la autoridad judicial federal para reprimir tantos excesos.

Así se desprende de la reforma que se le hizo, en 12 de diciembre de 1908, al artículo 102 de la Constitución de 1857, reforma que, por lo demás, estuvo muy lejos de alcanzar el objeto que se proponía, toda vez que no hizo otra cosa que complicar más el mecanismo del juicio de amparo, ya de por sí intrincado y lento, y que la Suprema Corte procuró abrir tantas brechas a la expresada reforma, que en poco tiempo la dejó enteramente inútil.

El pueblo mexicano está ya tan acostumbrado al amparo en los juicios civiles, para librarse de las arbitrariedades de los jueces, que el gobierno de mi cargo ha creído que sería no sólo injusto, sino impolítico, privarlo ahora de tal recurso, estimando que bastará limitarlo únicamente a los casos de verdadera y positiva necesidad, dándole un procedimiento fácil y expedito para que sea efectivo, como se servirá ver la Cámara en las bases que se proponen para su reglamentación.

El artículo 20 de la Constitución de 1857 señala las garantías que todo acusado debe tener en un juicio criminal; pero en la práctica esas garantías han sido enteramente ineficaces, toda vez que, sin violarlas literalmente, al lado de ellas se han seguido prácticas verdaderamente inquisitoriales, que dejan por regla general a los acusados sujetos a la acción arbitraria y despótica de los jueces y aun de los mismos agentes o escribientes suyos.

Conocidas son de ustedes, señores diputados, y de todo el pueblo mexicano, las incomunicaciones rigurosas, prolongadas en muchas ocasiones por meses enteros, unas veces para castigar a presuntos reos políticos, otras para amedrentar a los infelices sujetos a la acción de los tribunales del crimen y obligarlos a hacer confesiones forzadas, casi siempre falsas, que sólo obedecían al deseo de librarse de la estancia en calabozos inmundos, en que estaban seriamente amenazadas su salud y su vida.

El procedimiento criminal en México ha sido hasta hoy, con ligerísimas variantes, exactamente el mismo que dejó implantado la dominación española, sin que se haya llegado a templar en lo más mínimo su dureza, pues esa parte de la legislación mexicana ha quedado enteramente atrasada, sin que nadie se haya preocupado en mejorarla.

Diligencias secretas y procedimientos ocultos de que el reo no debía tener conocimiento, como si no se tratase en ellos de su libertad o de su vida; restricciones del derecho de defensa impidiendo al mismo reo y a su defensor asistir a la recepción de pruebas en su contra, como si se tratase de actos indiferentes que de ninguna manera podrían afectarlo y, por último, dejar la suerte de los reos casi siempre entregada a las maquinaciones fraudulentas y dolosas de los escribientes, que por pasión o por vil interés alteraban sus propias declaraciones, las de los testigos que deponían en su contra, y aun las de los que se presentaban a declarar en su favor.

La ley concede al acusado la facultad de obtener su libertad bajo de fianza durante el curso de su proceso; pero tal facultad quedó siempre sujeta al arbitrio caprichoso de los jueces, quienes podían negar la gracia con sólo decir que tenían temor de que el acusado se fugase y se substrajera a la acción de la justicia.

Finalmente, hasta hoy no se ha expedido ninguna ley que fije, de una manera clara y precisa, la duración máxima de los juicios penales, lo que ha autorizado a los jueces para detener a los acusados por tiempo mayor del que fija la ley al delito de que se trata, resultando así prisiones injustificadas y enteramente arbitrarias.

A remediar todos esos males tienden las reformas del citado artículo 20.

El artículo 21 de la Constitución de 1857 dio a la autoridad administrativa la facultad de imponer como corrección hasta quinientos pesos de multa, o hasta un mes de reclusión en los casos y modo que expresamente determine la ley, reservando a la autoridad judicial la aplicación exclusiva de las penas propiamente tales.

Este precepto abrió una anchísima puerta al abuso, pues la autoridad administrativa se consideró siempre en posibilidad de imponer sucesivamente y a su voluntad, por cualquier falta imaginaria, un mes de reclusión, mes que no terminaba en mucho tiempo.

La reforma que sobre este particular se propone, a la vez que confirma a los jueces la facultad exclusiva de imponer penas, sólo concede a la autoridad administrativa castigar la infracción de los reglamentos de policía, que por regla general sólo da lugar a penas pecuniarias y no a reclusión, la que únicamente se impone cuando el infractor no puede pagar la multa.

Pero la reforma no se detiene allí, sino que propone una innovación que de seguro revolucionará completamente el sistema procesal que durante tanto tiempo ha regido en el país, no obstante todas sus imperfecciones y deficiencias.

Las leyes vigentes, tanto en el orden federal como en el común, han adoptado la institución del Ministerio Público, pero tal adopción ha sido nominal, porque la función asignada a los representantes de aquél, tiene carácter meramente decorativo para la recta y pronta administración de justicia.

Los jueces mexicanos han sido, durante el período corrido desde la consumación de la Independencia hasta hoy, iguales a los jueces de la época colonial: ellos son los encargados de averiguar los delitos y buscar las pruebas, a cuyo efecto siempre se han considerado autorizados a emprender verdaderos asaltos contra los reos, para obligarlos a confesar, lo que sin duda alguna desnaturaliza, las funciones de la judicatura.

La sociedad entera recuerda horrorizada los atentados cometidos por jueces que, ansiosos de renombre, veían con positiva fruición que llegase a sus manos un proceso que les permitiera desplegar un sistema completo de opresión, en muchos casos contra personas inocentes y en otros contra la tranquilidad y el honor de las familias, no respetando, en sus inquisiciones, ni las barreras mismas que terminantemente establecía la ley.

La misma organización del Ministerio Público, a la vez que evitará ese sistema procesal tan vicioso, restituyendo a los jueces toda la dignidad y toda la respetabilidad de la magistratura, dará al Ministerio Público toda la importancia que le corresponde, dejando exclusivamente a su cargo la persecución de los delitos, la busca de los elementos de convicción, que ya no se hará por procedimientos atentatorios y reprobados, y la aprehensión de los delincuentes.

Por otra parte, el Ministerio Público, con la policía judicial represiva a su disposición, quitará a los presidentes municipales y a la policía común la posibilidad que hasta hoy han tenido de aprehender a cuantas personas juzgan sospechosas, sin más méritos que su criterio particular.

Con la institución del Ministerio Público, tal como se propone, la libertad individual quedará asegurada; porque según el artículo 16, nadie podrá ser detenido sino por orden de la autoridad judicial, la que no podrá expedirla sino en los términos y con los requisitos que el mismo artículo exige.

El artículo 27 de la Constitución de 1857 faculta para ocupar la propiedad de las personas sin el consentimiento de ellas y previa indemnización, cuando así lo exija la utilidad pública. Esta facultad es, a juicio del gobierno de mi cargo, suficiente para adquirir tierras y repartirlas en la forma que se estime conveniente entre el pueblo que quiera dedicarse a los trabajos agrícolas, fundando así la pequeña propiedad, que debe fomentarse a medida que las públicas necesidades lo exijan.

La única reforma que con motivo de este artículo se propone, es que la declaración de utilidad sea hecha por la autoridad administrativa correspondiente, quedando sólo a la autoridad judicial la facultad de intervenir para fijar el justo valor de la cosa de cuya expropiación se trata.

El artículo en cuestión, además de dejar en vigor la prohibición de las Leyes de Reforma sobre la capacidad de las corporaciones civiles y eclesiásticas para adquirir bienes raíces, establece también la incapacidad en las sociedades anónimas, civiles y comerciales, para poseer y administrar bienes raíces, exceptuando de esa incapacidad a las instituciones de beneficencia pública y privada, únicamente por lo que hace a los bienes raíces estrictamente indispensables y que se destinen de una manera inmediata y directa al objeto de dichas instituciones, facultándolas para que puedan tener sobre los mismos bienes raíces, capitales impuestos e intereses, los que no serán mayores, en ningún caso, del que se fije como legal y por un término que no exceda de diez años.

La necesidad de esta reforma se impone por sí sola, pues nadie ignora que el clero, incapacitado para adquirir bienes raíces, ha burlado la prohibición de la ley, cubriéndose de sociedades anónimas; y como por otra parte, estas sociedades han emprendido en la república la empresa de adquirir grandes extensiones de tierra, se hace necesario poner a este mal un correctivo pronto y eficaz, porque, de lo contrario, no tardaría el territorio nacional en ir a parar, de hecho o de una manera ficticia, en manos de extranjeros.

En otra parte se os consulta la necesidad de que todo extranjero, al adquirir bienes raíces en el país, renuncie expresamente a su nacionalidad, con relación a dichos bienes, sometiéndose en cuanto a ellos, de una manera completa y absoluta, a las leyes mexicanas, cosa que no sería fácil de conseguir respecto de las sociedades, las que, por otra parte, constituyen, como se acaba de indicar, una amenaza seria de monopolización de la propiedad territorial de la república.

Finalmente, el artículo en cuestión establece la prohibición expresa de que las instituciones de beneficencia privada puedan estar a cargo de corporaciones religiosas y de los ministros de los cultos, pues de lo contrario, se abriría nuevamente la puerta al abuso.

Con estas reformas al artículo 27, con la que se consulta para el artículo 28 a fin de combatir eficazmente los monopolios y asegurar en todos los ramos de la actividad humana la libre concurrencia, la que es indispensable para asegurar la vida y el desarrollo de los pueblos, y con la facultad que en la reforma de la fracción 20 del artículo 72 se confiere al Poder Legislativo federal, para expedir leyes sobre el trabajo, en las que se implantarán todas las instituciones del progreso social en favor de la clase obrera y de todos los trabajadores; con la limitación del número de horas y trabajo, de manera que el operario no agote sus energías y sí tenga tiempo para el descanso y el solaz y para atender al cultivo de su espíritu, para que pueda frecuentar el trato de sus vecinos, el que engendra simpatías y determina hábitos de cooperación para el logro de la obra común; con las responsabilidades de los empresarios para los casos de accidentes; con los seguros para los casos de enfermedad y de vejez; con la fijación del salario mínimo bastante para subvenir a las necesidades primordiales del individuo y de la familia, y para asegurar y mejorar su situación; con la ley del divorcio, que ha sido entusiastamente recibida por las diversas clases sociales como medio de fundar la familia sobre los vínculos del amor y no sobre las bases frágiles del interés y de la conveniencia del dinero; con las leyes que pronto se expedirán para establecer la familia sobre bases más racionales y más justas, que eleven a los consortes a la alta misión que la saciedad y la naturaleza ponen a su cargo, de propagar la especie y fundar la familia; con todas estas reformas, repito, espera fundadamente el gobierno de mi cargo que las instituciones políticas del país responderán satisfactoriamente a las necesidades sociales, y que esto, unido a que las garantías protectoras de la libertad individual serán un hecho efectivo y no meras promesas irrealizables, y que la división entre las diversas ramas del poder público tendrá realización inmediata, fundará la democracia mexicana, o sea el gobierno del pueblo de México por la cooperación espontánea, eficaz y consciente de todos los individuos que la forman, los que buscarán su bienestar en el reinado de la ley y en el imperio de la justicia, consiguiendo que ésta sea igual para todos los hombres, que defienda todos los intereses legítimos y que ampare a todas las aspiraciones nobles.

En la reforma al artículo 30 de la Constitución de 1857, se ha creído necesario definir, con toda precisión y claridad, quiénes son los mexicanos por nacimiento y quiénes tienen esa calidad por naturalización, para dar término a la larga disputa que en épocas no remotas se estuvo sosteniendo sobre si el hijo de un extranjero nacido en el país, que al llegar a la mayor edad opta por la ciudadanía mexicana, debía de tenerse o no como mexicano por nacimiento.

Al proyectar la reforma de los artículos 35 y 36 de la Constitución de 1857, se presentó la antigua y muy debatida cuestión de si debe concederse el voto activo a todos los ciudadanos sin excepción alguna, o si, por el contrario, hay que otorgarlo solamente a los que están en aptitud de darlo de una manera eficaz, ya por su ilustración o bien por su situación económica, que les dé un interés mayor en la gestión de la cosa pública.

Para que el ejercicio del derecho al sufragio sea una positiva y verdadera manifestación de la soberanía nacional, es indispensable que sea general, igual para todos, libre y directo; porque faltando cualquiera de estas condiciones, o se convierte en una prerrogativa de clase, o es un mero artificio para disimular usurpaciones de poder, o da por resultado imposiciones de gobernantes contra la voluntad clara y manifiesta del pueblo.

De esto se desprende que, siendo el sufragio una función esencialmente colectiva, toda vez que es la condición indispensable del ejercicio de la soberanía, debe ser atribuido a todos los miembros del cuerpo social, que comprendan el interés y el valor de esa altísima función.

Esto autorizaría a concluir que el derecho electoral sólo debe otorgarse a aquellos individuos que tengan plena conciencia de la alta finalidad a que aquél tiende; lo que excluiría, por lo tanto, a quienes por su ignorancia, su descuido o indiferencia sean incapaces de desempeñar debidamente esa función, cooperando de una manera espontánea y eficaz al gobierno del pueblo por el pueblo.

Sin embargo de esto, y no dejando de reconocer que lo que se acaba de exponer es una verdad teórica, hay en el caso de México factores o antecedentes históricos que obligan a aceptar una solución distinta de la que lógicamente se desprende de los principios de la ciencia política.

La Revolución que capitanearon los caudillos que enarbolaron la bandera de Ayutla, tuvo por objeto acabar con la dictadura militar y con la opresión de las clases en que estaba concentrada la riqueza pública; y como aquella revolución fue hecha por las clases inferiores, por los ignorantes y los oprimidos, la Constitución de 1857, que fue su resultado, no pudo racionalmente dejar de conceder a todos, sin distinción, el derecho de sufragio, ya que habría sido una inconsecuencia negar al pueblo todas las ventajas de su triunfo.

La Revolución que me ha cabido en suerte dirigir, ha tenido también por objeto destruir la dictadura militar, desentrañando por completo sus raíces, y dar a la nación todas las condiciones de vida necesarias para su desarrollo; y como han sido las clases ignorantes las que más han sufrido, porque son ellas sobre las que han pesado con toda su rudeza el despotismo cruel y la explotación insaciable, sería, ya no diré una simple inconsecuencia, sino un engaño imperdonable, quitarles hoy lo que tenían anteriormente conquistado.

El gobierno de mi cargo considera, por tanto, que sería impolítico e inoportuno en estos momentos, después de una gran revolución popular, restringir el sufragio, exigiendo para otorgarlo la única condición que racionalmente puede pedirse, la cual es que todos los ciudadanos tengan la instrucción primaria bastante para que conozcan la importancia de la función electoral y puedan desempeñarla en condiciones fructuosas para la sociedad.

Sin embargo de esto, en la reforma que tengo la honra de proponeros, con motivo del derecho electoral, se consulta la suspensión de la calidad de ciudadano mexicano a todo el que no sepa hacer uso de la ciudadanía debidamente.

El que ve con indiferencia los asuntos de la república, cualesquiera que sean, por lo demás, su ilustración o situación económica, demuestra a las claras el poco interés que tiene por aquélla, y esta indiferencia amerita que se le suspenda la prerrogativa de que se trata.

El gobierno de mi cargo cree que en el anhelo constante demostrado por las clases inferiores del pueblo mexicano, para alcanzar un bienestar de que hasta hoy han carecido, las capacita ampliamente para que, llegado el momento de designar mandatarios, se fijen en aquellos que más confianza les inspiren para representarlas en la gestión de la cosa pública.

Por otra parte, el gobierno emanado de la revolución, y esto le consta a la república entera, ha tenido positivo empeño en difundir la instrucción por todos los ámbitos sociales; y yo creo fundadamente que el impulso dado, no sólo se continuará, sino que se intensificará cada día, para hacer de los mexicanos un pueblo culto, capaz de comprender sus altos destinos y de prestar al gobierno de la nación una cooperación tan sólida y eficaz, que haga imposible, por un lado, la anarquía y, por otro, la dictadura.

El municipio independiente, que es sin disputa una de las grandes conquistas de la revolución, como que es la base del gobierno libre, conquista que no sólo dará libertad política a la vida municipal, sino que también le dará independencia económica, supuesto que tendrá fondos y recursos propios para la atención de todas sus necesidades, substrayéndose así a la voracidad insaciable que de ordinario han demostrado los gobernadores, y una buena Ley Electoral que tenga a éstos completamente alejados del voto público y que castigue con toda severidad toda tentativa para violarlo, establecerá el poder electoral sobre bases racionales que le permitirán cumplir su cometido de una manera bastante aceptable.

De la organización del poder electoral, de que se ocupará de manera preferente el próximo Congreso Constitucional, dependerá en gran parte que el Poder Legislativo no sea un mero instrumento del Poder Ejecutivo, pues electos por el pueblo sus representantes, sin la menor intervención del poder central, se tendrán Cámaras que de verdad se preocupen por los intereses públicos, y no camarillas opresoras y perturbadoras, que sólo van arrastradas por el afán de lucro y medro personal, porque no hay que perder de vista ni por un momento, que las mejores instituciones fracasan y son letra muerta cuando no se practican y que sólo sirven, como he dicho antes y lo repito, para cubrir con el manto de la legalidad la imposición de mandatarios contra la voluntad de la nación.

La división de las ramas del poder público obedece, según antes expresé, a la idea fundamental de poner límites preciosos a la acción de los representantes de la nación, a fin de evitar que ejerzan, en perjuicio de ella, el poder que se les confiere; por lo tanto, no sólo haya la necesidad imprescindible de señalar a cada departamento una esfera bien definida, sino que también la hay de relacionarlos entre sí, de manera que el uno no se sobreponga al otro y no se susciten entre ellos conflictos o choques que podrían entorpecer la marcha de los negocios públicos y aun llegar hasta alterar el orden y la paz de la república.

El Poder Legislativo, que por naturaleza propia de sus funciones, tiende siempre a intervenir en las de los otros, estaba dotado en la Constitución de 1857, de facultades que le permitían estorbar o hacer embarazosa y difícil la marcha del Poder Ejecutivo, o bien sujetarlo a la voluntad caprichosa de una mayoría fácil de formar en las épocas de agitación, en que regularmente predominan las malas pasiones y los intereses bastardos.

Encaminadas a lograr ese fin, se proponen varias reformas de las que, la principal, es quitar a la Cámara de Diputados el poder de juzgar al presidente de la república y a los demás altos funcionarios de la federación, facultad que fue, sin duda, la que motivó que en las dictaduras pasadas se procurase siempre tener diputados serviles, a quienes manejaban como autómatas.

El Poder Legislativo tiene, incuestionablemente, el derecho y el deber de inspeccionar la marcha de todos los actos del gobierno, a fin de llenar debidamente su cometido, tomando todas las medidas que juzgue convenientes para normalizar la acción de aquél; pero cuando la investigación no debe ser meramente informativa, para juzgar de la necesidad e improcedencia de una medida legislativa, sino que afecta a un carácter meramente judicial, la reforma faculta tanto a las Cámaras como al mismo Poder Ejecutivo, para excitar a la Suprema Corte a que comisione a uno o algunos de sus miembros, o a un magistrado de circuito, o a un juez de distrito, o a una comisión nombrada por ella para abrir la averiguación correspondiente, únicamente para esclarecer el hecho que se desea conocer; cosa que indiscutiblemente no podrían hacer los miembros del Congreso, los que de ordinario tenían que conformarse con los informes que quisieran rendirles las autoridades inferiores.

Esta es la oportunidad, señores diputados, de tocar una cuestión que es casi seguro se suscitará entre vosotros, ya que en los últimos años se ha estado discutiendo, con el objeto de hacer aceptable cierto sistema de gobierno que se recomienda como infalible, por una parte, contra la dictadura, y por la otra, contra la anarquía, entre cuyos extremos han oscilado constantemente, desde su independencia, los pueblos latinoamericanos, a saber: el régimen parlamentario. Creo no sólo conveniente, sino indispensable, deciros, aunque sea someramente, los motivos que he tenido para no aceptar dicho sistema entre las reformas que traigo al conocimiento de vosotros, Tocqueville observó en el estudio de la historia de los pueblos de América de origen español, que éstos van a la anarquía cuando se cansan de obedecer, y a la dictadura cuando se cansan de destruir; considerando que esta oscilación entre el orden y el desenfreno, es la ley fatal que ha regido y regirá por mucho tiempo a los pueblos mencionados.

No dijo el estadista referido cuál sería, a su juicio, el medio de librarse de esa maldición, cosa que le habría sido enteramente fácil con sólo observar los antecedentes del fenómeno y de las circunstancias en que siempre se ha reproducido.

Los pueblos latinoamericanos, mientras fueron dependencias de España, estuvieron regidos por mano de hierro; no había más voluntad que la del virrey; no existían derechos para el vasallo; el que alteraba el orden, ya propalando teorías disolventes o que simplemente socavaban los cimientos de la fe o de la autoridad, o ya procurando dar pábulo a la rebelión, no tenía más puerta de escape que la horca.

Cuando las luchas de Independencia rompieron las ligaduras que ataban a esos pueblos a la metrópoli, deslumbrados con la grandiosidad de la Revolución francesa, tomaron para sí todas sus reivindicaciones, sin pensar que no tenían hombres que los guiasen en tan ardua tarea, y que no estaban preparados para ella.

Las costumbres de gobierno no se imponen de la noche a la mañana; para ser libre no basta quererlo, sino que es necesario también saberlo ser.

Los pueblos de que se trata, han necesitado y necesitan todavía de gobiernos fuertes, capaces de contener dentro del orden a poblaciones indisciplinadas, dispuestas a cada instante y con el más fútil pretexto a desbordarse, cometiendo toda clase de desmanes; pero por desgracia, en ese particular se ha caído en la confusión y por gobierno fuerte se ha tomado al gobierno despótico. Error funesto que fomentado las ambiciones de las clases superiores, para poder apoderarse de la dirección de los negocios públicos.

En general, siempre ha habido la creencia de que no se puede conservar el orden sin pasar sobre la ley, y ésta y no otra es la causa de la ley fatal de que habla Tocqueville; porque la dictadura jamás producirá el orden, como las tinieblas no pueden producir la luz.

Así, pues, disípese el error, enséñese al pueblo a que no es posible que pueda gozar de sus libertades si no sabe hacer uso de ellas, o lo que es igual, que la libertad tiene por condición el orden, y que sin éste aquélla es imposible.

Constrúyase sobre esa base el gobierno de las naciones latinoamericanas y se habrá resuelto el problema.

En México, desde su independencia hasta hoy, de los gobiernos legales que han existido, unos cuantos se apegaron a este principio, como el de Juárez, y por eso pudieron salir avantes, los otros, como los de Guerrero y Madero, tuvieron que sucumbir, por no haberlo cumplido. Quisieron imponer el orden enseñando la ley, y el resultado fue el fracaso.

Si, por una parte, el gobierno debe ser respetuoso de la ley y de las instituciones, por la otra debe ser inexorable con los trastornadores del orden y con los enemigos de la sociedad: sólo así pueden sostenerse las naciones y encaminarse hacia el progreso.

Los constituyentes de 1857 concibieron bien el Poder Ejecutivo: libre en su esfera de acción para desarrollar su política, sin más limitación que respetar la ley; pero no completaron el pensamiento, porque restaron al Poder Ejecutivo prestigio, haciendo mediata la elección del presidente, y así su elección fue, no la obra de la voluntad del pueblo, sino el producto de las combinaciones fraudulentas de los colegios electorales.

La elección directa del presidente y la no reelección, que fueron las conquistas obtenidas por la revolución de 1910, dieron, sin duda, fuerza al gobierno de la nación, y las reformas que ahora propongo coronarán la obra.

El presidente no quedará más a merced del Poder Legislativo, el que no podrá tampoco invadir fácilmente sus atribuciones.

Si se designa al presidente directamente por el pueblo, y en contacto constante con él por medio del respeto a sus libertades, por la participación amplia y efectiva de éste en los negocios públicos, por la consideración prudente de las diversas clases sociales y por el desarrollo de los intereses legítimos, el presidente tendrá indispensablemente su sostén en el mismo pueblo; tanto contra la tentativa de cámaras invasoras, como contra las invasiones de los pretorianos. El gobierno, entonces, será justo y fuerte. Entonces la ley fatal de Tocqueville habrá dejado de tener aplicación.

Ahora bien, ¿qué es lo que se pretende con la tesis del gobierno parlamentario? Se quiere nada menos, que quitar al presidente sus facultades gubernamentales para que las ejerza el Congreso, mediante una comisión de su seno, denominada *gabinete*.

En otros términos, se trata de que el presidente personal desaparezca, quedando de él una figura decorativa.

¿En dónde estaría entonces la fuerza del gobierno? En el parlamento. Y como éste, en su calidad de deliberante, es de ordinario inepto para la administración, el gobierno caminaría siempre a tientas, temeroso a cada instante de ser censurado.

El parlamentarismo se comprende en Inglaterra y en España, en donde ha significado una conquista sobre el antiguo poder absoluto de los reyes; se explica en Francia, porque esta nación, a pesar de su forma republicana de gobierno, está siempre influida por sus antecedentes monárquicos; pero entre nosotros no tendría ningunos antecedentes, y sería, cuando menos, imprudente lanzarnos a la experiencia de un gobierno débil, cuando tan fácil es robustecer y consolidar el sistema de gobierno de presidente personal, que nos dejaron los constituyentes de 1857.

Por otra parte, el régimen parlamentario supone forzosa y necesariamente dos o más partidos políticos perfectamente organizados, y una cantidad considerable de hombres en cada uno de esos partidos, entre los cuales puedan distribuirse frecuentemente las funciones gubernamentales.

Ahora bien, como nosotros carecemos todavía de las dos condiciones a que acabo de referirme, el gobierno se vería constantemente en la dificultad de integrar el gabinete, para responder a las frecuentes crisis ministeriales.

Tengo entendido que el régimen parlamentario no ha dado el mejor resultado en los pocos países latinoamericanos en que ha sido adoptado; pero para mí la prueba más palmaria de que no es un sistema de gobierno del que se puedan esperar grandes ventajas, está en que los Estados Unidos del Norte, que tienen establecido en sus instituciones democráticas el mismo sistema de presidente personal, no han llegado a pensar en dicho régimen parlamentario, lo cual significa que no le conceden valor práctico de ninguna especie.

A mi juicio, lo más sensato, lo más prudente y a la vez lo más conforme con nuestros antecedentes políticos, y lo que nos evitará andar haciendo ensayos con la adopción de sistemas extranjeros propios de pueblos de cultura, de hábitos y de orígenes diversos del nuestro, es, no me cansaré de repetirlo, constituir el gobierno de la república respetando escrupulosamente esa honda tendencia a la libertad, a la igualdad y a la seguridad de sus derechos, que siente el pueblo mexicano.

Porque no hay que perder de vista, y sí, por el contrario, tener constantemente presente, que las naciones, a medida que más avanzan, más sienten la necesidad de tomar su propia dirección para poder conservar y ensanchar su vida, dando a todos los elementos sociales el goce completo de sus derechos y todas las ventajas que de ese goce resultan, entre otras, el auge poderoso de la iniciativa individual.

Este progreso social es la base sobre la que debe establecerse el progreso político; porque los pueblos se persuaden muy fácilmente de que el mejor arreglo constitucional, es el que más protege el desarrollo de la vida individual y social, fundado en la posesión completa de las libertades del individuo, bajo la ineludible condición de que éste no lesione el derecho de los demás.

Conocida os es ya, señores diputados, la reforma que recientemente hizo el Gobierno de mi cargo a los artículos 78, 80, 81 y 82 de la Constitución federal, suprimiendo la vicepresidencia y estableciendo un nuevo sistema para substituir al presidente de la república tanto en sus faltas temporales, como en las absolutas; y aunque en la parte expositiva del decreto respectivo se explicaron los motivos de dicha reforma, creo, sin embargo, conveniente llamar vuestra atención sobre el particular.

La vicepresidencia, que en otros países ha logrado entrar en las costumbres y prestado muy buenos servicios, entre nosotros, por una serie de circunstancias desgraciadas, llegó a tener una historia tan funesta, que en vez de asegurar la sucesión presidencial de una manera pacífica en caso inesperado, no hizo otra cosa que debilitar al gobierno de la república.

Y en efecto, sea que cuando ha estado en vigor esta institución haya tocado la suerte de que la designación de vicepresidente recayera en hombres faltos de escrúpulos, aunque sobrados de ambición; sea que la falta de costumbres democráticas y la poca o ninguna honradez de los que no buscan en la política la manera de cooperar útilmente con el gobierno de su país, sino sólo el medio de alcanzar ventajas reprobadas, con notorio perjuicio de los intereses públicos, es lo cierto que el vicepresidente, queriéndolo o sin pretenderlo, cuando menos lo esperaba en este caso, quedaba convertido en el foco de la oposición, en el centro a donde convergían y del que irradiaban todas las malquerencias y todas las hostilidades, en contra de la persona a cuyo cargo estaba el poder supremo de la República.

La vicepresidencia en México ha dado el espectáculo de un funcionario, el presidente de la república, al que se trata de lanzar de su puesto por inútil o por violador de la ley; y de otro funcionario que trata de operar ese lanzamiento para substituirlo en el puesto, quedando después en él, sin enemigo al frente.

En los últimos períodos del gobierno del general Díaz, el vicepresidente de la república sólo fue considerado como el medio inventado por el cientificismo para poder conservar, llegado el caso de que aquél faltase, el poder, en favor de todo el grupo, que lo tenía ya monopolizado.

La manera de substituir las faltas del presidente de la república, adoptada en el sistema establecido por las reformas de que he hecho referencia, llena, a mi juicio, su objeto, de una manera satisfactoria.

Es de buena política evitar las agitaciones a que siempre dan lugar las luchas electorales, las que ponen en movimiento grandes masas de intereses que se agitan alrededor de los posibles candidatos.

El sistema de suplir las faltas de que se trata por medio de los secretarios de Estado, llamándolos conforme al número que les da la ley que los establece, dejaba sencillamente a la voluntad absoluta del presidente de la república la designación de su sucesor.

El sistema adoptado por el gobierno de mi cargo no encontrará ninguno de esos escollos; pues la persona que conforme a él debe suplir las faltas temporales o absolutas del presidente de la república, tendrá un origen verdaderamente popular, y puesto que siendo los miembros del Congreso de la Unión representantes legítimos del pueblo, recibirán, con el mandato de sus electores, el de proveer, llegada la ocasión, de presidente de la república.

Otras reformas sobre cuya importancia y trascendencia quiero, señores diputados, llamar vuestra atención, es la que tiende a asegurar la completa independencia del Poder Judicial, reforma que, lo mismo que la que ha modificado la duración del cargo de presidente de la república, está revelando claramente la notoria honradez y decidido empeño con que el gobierno emanado de la revolución está realizando el programa proclamado en la heroica Veracruz el 12 de diciembre de 1914, supuesto que uno de los anhelos más ardientes y más hondamente sentidos por el pueblo mexicano, es el de tener tribunales independientes que hagan efectivas las garantías individuales contra los atentados y excesos de los agentes del poder público y que protejan el goce quieto y pacífico de los derechos civiles de que ha carecido hasta hoy.

Señores diputados, no fatigaré por más tiempo vuestra atención, pues larga y cansada sería la tarea de hablaros de las demás reformas que contiene el proyecto que tengo la honra de poner en vuestras manos, reformas todas tendentes a asegurar las libertades públicas por medio del imperio de la ley, a garantizar los derechos de todos los mexicanos por el funcionamiento de una justicia administrada por hombres probos y aptos, y a llamar al pueblo a participar, de cuantas maneras sea posible, en la gestión administrativa.

El gobierno de mi cargo cree haber cumplido su labor en el límite de sus fuerzas, y si en ello no ha obtenido todo el éxito que fuera de desearse, esto debe atribuirse a que la empresa es altamente difícil y exige una atención constante que me ha sido imposible consagrarle, solicitado, como he estado constantemente, por las múltiples dificultades a que he tenido que atender.

Toca ahora a vosotros coronar la obra, a cuya ejecución espero os dedicaréis con toda la fe, con todo el ardor y con todo el entusiasmo que de vosotros espera vuestra patria, la que tiene puestas en vosotros sus esperanzas y aguarda ansiosa el instante en que le deis instituciones sabias y justas.

Querétaro, Queretaro, 1º de diciembre de 1916.

Anexo 4. Diputados en el Congreso Constituyente de 1916-1917[1]

Entidad Federativa	Diputados Propietarios	Diputados Suplentes
Aguascalientes	Aurelio L. González Daniel Cervantes	Archibaldo Eloy Pedroza Gonzalo Ortega
Baja California	Ignacio Roel	Matías Gómez
Campeche	Juan Zubarán Herminio Pérez Abreu	Fernando Galeano Enrique Arias Solís
Coahuila	Manuel Aguirre Berlanga Ernesto Meade Fierro José María Rodríguez Jorge Von Versen Manuel Cepeda Medrano	José Rodríguez González Toribio de los Santos Eduardo Guerra Silviano Pruneda José N. Santos

[1] Tomado de: Diputaciones del Congreso Constituyente, en *Diario de los debates del Congreso Constituyente, 1916-1917,* tomo II, México, Comisión Nacional para la Celebración del Sesquicentenario de la Proclamación de la Independencia Nacional y del Cincuentenario de la Revolución Mexicana, pp. 1960, 1243-1249.

Entidad Federativa	Diputados Propietarios	Diputados Suplentes
Colima	Francisco Ramírez Villarreal	J. Concepción Rivera
Chiapas	Enrique Suárez Enrique D. Cruz Cristóbal Ll. Castillo J. Amilcar Vidal Daniel A. Zepeda	Francisco Rincón Lisandro López Amadeo Ruiz Daniel Robles
Chihuahua	Manuel M. Prieto	s / n
Distrito Federal	Ignacio L. Pesqueira Lauro López Guerra Gerzayn Ugarte Amador Lozano Félix F. Palavicini Rafael Martínez Rafael L. de los Ríos Arnulfo Silva Antonio Norzagaray Fernando Vizcaíno Ciro B. Ceballos Alfonso Herrera	Claudio M. Tirado Javier Rayón Ernesto Garza Pérez Serapio Aguirre Francisco Cravioto Carlos Duplán Román Rosas y Reyes Amancio García García Francisco Espinosa Clemente Allande Isidro Lara Gabriel Calzada
Durango	Silvestre Dorador Rafael Espeleta Antonio Gutiérrez Fernando Castaños Fernando Gómez Palacio Alberto Terrones B. Jesús de la Torre	Carlos Rivera Francisco de A. Pérez Mauro R. Moreno Salvador Castaños Celestino Simental Antonio P. Hernández Jesús Silva

Entidad Federativa	Diputados Propietarios	Diputados Suplentes
Guanajuato	Ramón Frausto Vicente M. Valtierra José Natividad Macías Jesús López Lira David Peñaflor José Villaseñor Lomelí Antonio Madrazo Hilario Medina Manuel G. Aranda Enrique Colunga	Apolonio Sánchez Pedro P. Arizmendi Enrique Pérez J. Jesús Patiño Luis. M. Alcocer Juan Garcidueñas Santiago Manrique Federico González Alberto Villafuerte Félix Villalobos
Guanajuato	Ignacio López Alfredo Robles Domínguez Fernando Lizardi Nicolás Cano Gilberto M. Navarro Luis Fernández Martínez Carlos Ramírez Llaca	José Serrato Francisco Díaz Barriga David Ayala Pilar Espinosa Sabás González Rangel Miguel Hernández Murillo Francisco Rendón Guillermo J. Carrillo
Guerrero	Fidel Jiménez Fidel R. Guillén Francisco Figueroa	Jesús A. Castañeda José Castrejón Fuentes
Hidalgo	Antonio Guerrero Leopoldo Ruiz Alberto M. González Rafael Vega Sánchez Alfonso Cravioto Matías Rodríguez Ismael Pintado Sánchez Refugio M. Mercado Alfonso Mayorga	Benjamín García Erasmo Trejo Antonio Peñafiel Eustergio Sánchez Lauro Alburquerque Crisóforo Aguirre Alfonso Sosa Leoncio Campos Gonzalo López

Entidad Federativa	Diputados Propietarios	Diputados Suplentes
Jalisco	Luis Manuel Rojas Marcelino Dávalos Federico E. Ibarra Manuel Dávalos Ornelas Francisco Martín del Campo Bruno Moreno Gaspar Bolaños B. Ramón Castañeda y C. Juan de Dios Robledo Jorge Villaseñor Amado Aguirre	Carlos Cuervo Tomás Morán Luis G. Gómez Francisco Villegas Manuel Martín del Campo Gilberto Dalli Manuel Bouquet Alberto Macías Rafael Degollado José Jorge Farías Salvador Brihuega
Jalisco	José I. Solórzano Ignacio Ramos Práslow Francisco Labastida Izquierdo José Manzano Joaquín Aguirre Berlanga Esteban B. Calderón Paulino Machorro y Narváez Sebastián Allende Rafael Ochoa	Gabriel González Franco Rafael Obregón Miguel R. Martínez Pablo R. Suárez Conrado Oseguera Bernardino Guzmán Carlos Villaseñor Gregorio Preciado
México	Aldegundo Villaseñor Fernando Moreno Enrique O'Farril Guillermo Ordorica José J. Reynoso Jesús Fuentes Dávila Macario Pérez	Salvador Z. Sandoval Abraham Estévez Prócoro Dorantes Apolinar C. Juárez Gabriel Calzada Antonio Basurto José D. Aguilar

Entidad Federativa	Diputados Propietarios	Diputados Suplentes
México	Antonio Aguilar Juan Manuel Giffard José E. Franco Enrique A. Enríquez Donato Bravo Izquierdo Rubén Martí	Emilio Cárdenas Manuel A. Hernández Carlos L. Ángeles Modesto Romero Valencia David Espinosa
Michoacán	Francisco Ortiz Rubio Alberto Peralta Cayetano Andrade Salvador Herrejón Gabriel R. Cervera Onésimo López Couto Salvador Álvaraz Romero Pascual Ortiz Rubio	José P. Ruiz Rubén Romero Carlos García de León Uriel Avilés Enrique Parra Francisco Martínez González Sidronio Sánchez Pineda
Michoacán	Martín Castrejón Martín Castrejón José Álvarez José Silva Herrera Rafael Márquez Amadeo Betancourt Francisco J. Mújica Jesús Romero Flores Florencio G. González	Manuel Martínez Solórzano Roberto Sepúlveda Alberto Alvarado Vicente Medina Ignacio Gómez Joaquín Silva Abraham Mejía Antonio Navarrete Luis G. Guzmán José de la Peña
Morelos	Antonio Garza Zambrano José L. Gómez Álvaro L. Alcázar	Armando Amparan Enrique C. Ruiz

Entidad Federativa	Diputados Propietarios	Diputados Suplentes
Nuevo León	Manuel Amaya Nicéforo Zambrano Luis Ilizaliturri Ramón Gómez Reynaldo Garza Agustín Garza González	Luis Guimbarda Lorenzo Sepúlveda Wenceslao Gómez Garza Adolfo Cantú Jáuregui J. Jesús Garza Plutarco González
Oaxaca	Salvador González Torres Israel del Castillo Leopoldo Payán Luis Espinosa Manuel Herrera Manuel García Vigil Porfirio Sosa Celestino Pérez Crisóforo Rivera Cabrera Genaro López Miro	Francisco León Calderón Juan Sánchez Manuel Santaella José Vásquez Vasconcelos Pablo Allende Pastor Santa Ana José Honorato Márquez Antonio Salazar Miguel Ríos José F. Gómez
Puebla	Daniel Guzmán Rafael Cañete Miguel Rosales Gabriel Rojano David Pastrana Jaimes Froilán C. Manjarrez Antonio de la Barrera José Rivera Epigmenio A. Martínez Pastor Rouaix Luis T. Navarro Porfirio del Castillo Federico Dinorín Gabino Bandera y Mata	Salvador R. Guzmán Enrique Contreras Federico Ramos Rafael Rosete Jesús Domínguez Manuel A. Acuña Luis G. Bravo Aurelio M. Aja Anacleto Merino Ireneo Villarreal Rómulo Munguía Celerino Cano Joaquín Díaz Ortega

Entidad Federativa	Diputados Propietarios	Diputados Suplentes
Puebla	Leopoldo Vázquez Mellado Gilberto de la Fuente Alfonso Cabrera José Verástegui	Ricardo Márquez Galindo Manuel A. Nieva Agustín Cano Cándido Nieto
Querétaro	Juan N. Frías Ernesto Perusquía José María Truchuelo	Enrique B. Domínguez Julio Herrera J. Jesús Rivera
San Luis Potosí	Samuel de los Santos Arturo Méndez Rafael Zepeda Rafael Nieto Dionisio Zavala Gregorio A. Tello Julián Ramírez y Martínez Rafael Curiel	Filiberto Ayala Rafael Martínez Mendoza Cosme Dávila Enrique Córdoba Cantú Hilario Menéndez
Sinaloa	Pedro R. Zavala Andrés Magallón Carlos M. Ezquerro Cándido Avilés Emiliano C. García	Juan Francisco Vidales José C. Valadez Mariano Rivas Primo B. Beltrán Antonio R. Castro
Sonora	Luis G. Monzón Flavio A. Bórquez Ramón Ross Eduardo C. García	Cesáreo G. Soriano Manuel Padrés Ángel Porchas Juan de Dios Bojórquez

Entidad Federativa	Diputados Propietarios	Diputados Suplentes
Tabasco	Rafael Martínez de Escobar Antenor Sala Carmen Sánchez Magallanes	Fulgencio Casanova Santiago Ocampo Luis Gonzalí
Tamaulipas	Pedro A. Chapa Zeferino Fajardo Emiliano P. Nafarrete Fortunato de Leija	Alejandro C. Guerra Daniel S. Córdoba José María Herrera Félix Acuña
Tepic	Cristóbal Limón Cristóbal Limón Juan Espinosa Bávara	Marcelino Cedano Guillermo Bonilla
Tlaxcala	Antonio Hidalgo Modesto González Galindo Ascensión Tépal	Felipe Xicoténcatl Juan Torrentera Fausto Centeno
Veracruz	Sául Rodiles Adalberto Tejeda Benito G. Ramírez Rodolfo Curti Eliseo L. Céspedes Adolfo G. García Josafat F. Márquez Alfredo Solares Alberto Román Silvestre Aguilar	Alberto Herrera Enrique Meza Heriberto Román Jenaro Ramírez Rafael Díaz Sánchez Joaquín Bello Augusto Aillaud Gabriel Malpica Martín Cortina Miguel Limón Uriarte

Entidad Federativa	Diputados Propietarios	Diputados Suplentes
Veracruz	Ángel Juarico Heriberto Jara Victorio E. Góngora Cándido Aguilar Marcelo Torres Galdino H. Casados Juan de Dios Palma Fernando A. Pereira	Domingo A. Jiménez Salvador Gonzalo García Epigmenio H. Ocampo Carlos L. Gracidas Moisés Rincón Donaciano Zamudio León Medel Antonio Ortiz Ríos
Yucatán	Antonio Ancona Albertos Enrique Recio Héctor Victoria Manuel González Miguel Alonzo Romero	Ramón Espadas Rafael Gamboa Felipe Valencia Felipe Carrillo Juan N. Ortiz
Zacatecas	Adolfo Villaseñor Julián Adame Dyer Jairo R. Rosendo A. López Antonio Cervantes Juan Aguirre Escobar	Rafael Simoní Castelvi Rodolfo Muñoz Narciso González Samuel Castañón Andrés L. Arteaga Jesús Hernández

Fuentes de consulta

Ávila Espinosa, Felipe *et al.*, *Historia breve de la Revolución mexicana*, México, Instituto Nacional de Estudios Históricos de las Revoluciones Mexicanas, 2015.

Barrón, Luis, *Carranza, el último reformista porfiriano*, México, Tusquets Editores, 2009.

Breceda, Alfredo, *México revolucionario*, tomo I, Madrid, Tipografía Artística, 1920.

Cabrera, Lucio, *La Suprema Corte de Justicia, la Revolución y el Constituyente de 1917 (1914-1917)*, México, Suprema Corte de Justicia de la Nación, 2017, disponible en: <https://archivos. juridicas.unam.mx/www/bjv/libros/2/930/3.pdf>, consultado el 15 de febrero de 2017.

Cabrera, Luis, *La herencia de Carranza*, México, Instituto Nacional de Estudios Históricos de las Revoluciones Mexicanas, 2015.

Canales Santos, Álvaro, *Historia antigua de Cuatro Ciénegas, 1577-1821*, Saltillo, Gobierno del Estado de Coahuila, 2000.

_____, *Venustiano Carranza Garza*, Saltillo, Consejo Editorial del Estado, 2017.

_____, "Venustiano Carranza Garza. Presidente de México. 1917-1920", en *Museo de los presidentes coahuilenses*, disponible en: <http://www.museopresidentes.mx/archivos/64.pdf>, consultado el 10 de febrero de 2017.

Carranza Castro, Jesús, *Origen, destino y legado de Carranza*, México, Costa-Amic Editores, 1977.

Carranza, Venustiano, *El Constitucionalista. Periódico Oficial del Gobierno Constitucionalista de la República Mexicana*, núm. 87, 16 de julio, 1914.

_____, [Discurso], en *Periódico La Reforma*, Saltillo, 23 de noviembre de 1915, s. p.

De la Parra, Gonzalo, "El estadista de hierro", en *Homenaje a don Venustiano Carranza*, Saltillo, Ediciones Culturales del Gobierno de Sinaloa, 1958.

Fabela, Isidro, *Carranza. Su obra y su ejemplo*, s. e., 1960.

Garciadiego, Javier, *La Revolución mexicana. Crónicas, documentos, planes y testimonios*, México, Universidad Nacional Autónoma de México, 2005.

_____, "La Revolución", en *Nueva historia mínima de México*, México, El Colegio de México, 2012, pp. 225-261.

Garfias, Luis. M., *La Revolución mexicana*, México, Panorama, 2015.

Huerta, Martín, "Un amor de Carranza", en *Proceso*, 8 de marzo de 1986, disponible en: <http://www.proceso.com.mx/143182/un-amor-de-carranza>, consultado el 10 de febrero de 2017.

Instituto Nacional para el Federalismo y el Desarrollo Municipal. Sistema Nacional de Información Municipal, disponible en: <http://www.snim.rami.gob.mx>, consultado el 10 de febrero de 2017.

Krauze, Enrique, *Caudillos culturales de la Revolución mexicana*, México, Tusquets Editores, 2014.

Madero, Francisco I., *La sucesión presidencial en 1910*, México, Época, 1987.

Moguel Flores, Josefina, "Venustiano Carranza: equilibrio de la Revolución", en *De la caída de Madero al ascenso de Carranza*, México, Instituto Nacional de Estudios Históricos de las Revoluciones Mexicanas, 2014, pp. 133-157.

Urquizo, Francisco L., *Siete años con Carranza*, México, Imprenta España, 1959.

_____, *Carranza. El hombre. El político. El caudillo. El patriota*, México, Edimex, 1970.

Venegas Trejo, Francisco, "Vigencia de la Constitución de 1917. Desarrollo cronológico del Congreso Constituyente de Querétaro", en Patricia Galeana (comp.), *México y sus Constituciones*, México, Archivo General de la Nación/Fondo de Cultura Economica, 1999, pp. 314-321.

Villarreal Lozano, Javier, "Carranza. La formación de un político", en *De la caída de Madero al Ascenso de Carranza*, México, Instituto Nacional de Estudios Históricos de las Revoluciones Mexicanas, 2014, pp. 121-132.

Lecturas recomendadas

Aguilar Casas, E. *et al.*, *De la caída de Madero al ascenso de Carranza*, México, Instituto Nacional de Estudios Históricos de las Revoluciones Mexicanas, 2014.

Aurrecoechea, J. M., *Imperio, revolución y caricaturas*, México, Ítaca, 2016.

Barragán, J. R., *Historia del Ejército y de la Revolución constitucionalista*, México, Stylo, 1946.

Barrera, F. F., *Historia de la Revolución mexicana*, Saltillo, Universidad Autónoma de Coahuila,1983.

Boletín Oficial de la Secretaría de Agricultura y Fomento, Secretaría de Agricultura y Fomento, 1918.

Barrón, L., "Prólogo", en *Venustiano Carranza Plan de Guadalupe. Decretos y acuerdos 1913-1917*, México, Instituto Nacional de Estudios Históricos de las Revoluciones Mexicanas, 2013.

Benítez, F., *Lázaro Cárdenas y la Revolución mexicana, II. El caudillismo*, México, Fondo de Cultura Económica, 2004.

_____, *Lázaro Cárdenas y la Revolución mexicana, III. El cardenalismo*, México, Fondo de Cultura Económica, 1996.

Berlanga, M. A., *Revolución y reforma. Génesis legal de la Revolución constitucionalista*, México, Cámara de Diputados XLIII, 2016.

Beteta, R., *Camino a Tlaxcalantongo*, México, Fondo de Cultura Económica, 1997.

Bojórquez, D., *Crónica del constituyente*, México, Instituto Nacional de Estudios Históricos de las Revoluciones Mexicanas, 1938.

Cabrera, L., *La herencia de Carranza*, México, Instituto Nacional de Estudios Históricos de las Revoluciones Mexicanas, 2015.

Carpizo, J. *La constitución mexicana de 1917. Longevidad casi centenaria*, México, Porrúa-UNAM, 2013.

Cámara de Diputados LXIII Legislatura, *Bibliografía esencial del centenario constitucional*, 2017, disponible en: <http://www.diputados.gob.mx/sedia/biblio/alerta/2017/aler-bib-ene17.pdf>, consultado el 13 de febrero de 2017.

Carbonell, M., "Mucho que celebrar", en *El Universal*, 01 de febrero de 2017, disponible en: <http://www.eluniversal.com.mx/entrada-de-opinion/columna/miguel-carbonell/nacion/2017/02/1/mucho-que-celebrar>.

Casasola, Gustavo, *Bibliografía ilustrada de don Venustiano Carranza*, México, Gustavo Casasola, 1975.

Castañón, J. y A. M. Jiménez, *50 discursos doctrinales en el Congreso Constituyente de la Revolución mexicana, 1916-1917*, México, Instituto Nacional de Estudios Históricos de las Revoluciones Mexicanas, 2014.

Castro, A. C., *Charlas de café con Venustiano Carranza*, México, Grijalbo, 2009.

Cid, C. B., *Los hombres de la Soberana Convención revolucionaria*, México, Instituto Nacional de Estudios Históricos de las Revoluciones Mexicanas, 2014.

Constitución política de los Estados Unidos Mexicanos, México, Cámara de Diputados XLIII, 2016.

Cota, J. M., *Querétaro en llamas*, tomo III, México, Cámara de Diputados XLIII, 2016.

Cuellar, A. P. y O. C. Barney, *El pensamiento jurídico de México en el derecho constitucional*, México, Poder Judicial de la Federación, 2015.

Dantés, V. H., *Breve historia de la Revolución mexicana*, México, Leyenda, 2010.

Decreto 1421 del 19 de febrero de 1913 emitido por el XXII Congreso Constitucional del Estado Libre, Independiente y Soberano de Coahuila de Zaragoza, en línea: <http://www.cultura.gob.mx/centenario-ejercito/decreto_1421.php#prettyPhoto/0/>, consultado el 15 de febrero de 2017.

Diario oficial. Decretos relativos a la convocatoria y elección del Congreso Constituyente de Querétaro 1916-1917, México, Cámara de Diputados XLIII, 2016.

Díaz, J. R. *et al.*, *Los pueblos indígenas y la Constitución de 1917: una revalorización del pasado hacia el presente*, México, Poder Judicial de la Federación, 2015.

Fernández, V. F. *et. al.*, *La Constitución mexicana de 1917. Cien años después*, México, Porrúa, 2017.

Fernández, J. L.,*Y la Revolución se hizo constitución*, México, Porrúa, 2016.

Flores, J. R., *Del porfirismo a la Revolución constitucionalista*, México, Libro Mex Editores, 1960.

Fuentes, F. B., *Crónicas y debates de las sesiones de la Soberana Convención revolucionaria*, tomo i, México, Instituto Nacional de Estudios Históricos de las Revoluciones Mexicanas, 2014.

Galeana, P., *Vigencia de la Constitución de 1917*, México, Archivo General de la Nación, 1997.

García, N. C. y E. M. Guerra, *Actores y cambio social en la Revolución mexicana*, México, Universidad Autónoma Metropolitana, 2014.

Garciadiego, J., *1913-1914 de Guadalupe a Teoloyucan*, México, Gobierno de Coahuila, 2013.

_____, *La Revolución mexicana*, México, Universidad Nacional Autónoma de México, 2012.

Garmendia, E. S., *Revolución pasiva y consolidación del moderno Estado mexicano, 1920-1940*, México, Universidad Autónoma Metropolitana, 2016.

Gil, E. P., *Autobiografía de la Revolución mexicana*, México, Instituto Mexicano de la Cultura, 1964.

Gilly, A., *La revolución interrumpida*, México, Ediciones Era, 2016.

González, A. B., *Diccionario biográfico de Coahuila 1550-2011*, Saltillo, Gobierno del Estado de Coahuila, 2011.

González, F. V., *Diario de la Revolución*, Monterrey, Alfonso Reyes, 1971.

González, M., *La administración de justicia antes y después de la Revolución, 1910-1920*, México, Poder Judicial de la Federación, 2015.

González, M. P., *El centinela fiel del constitucionalismo*, Universidad de Texas, 1971.

González, M. W., *Con Carranza, episodios de la Revolución cons-tucionalista 1913-1914*, México, Instituto Nacional de Estudios Históricos, 1985.

_____, *Con Carranza, episodios de la Revolución constituciona-lista, 1913-1914*, México, Instituto Nacional de Estudios Históricos de las Revoluciones Mexicanas, 2015.

Guerra, E. S. *et. al.*, *Antología de las obras de carácter jurídico de los ministros de la suprema corte de justicia de la nación que formaron parte del constituyente de 1916-1917*, México, Poder Judicial de la Federación, 2015.

Guerrero, A. C., *Francisco J. Múgica, combatiente incorruptible*, tomos I y II, México, Suprema Corte de Justicia de la Nación, 2016.

Gutiérrez, L. R. *et al.*, *México Postal. Mensajes de la Revolución*, México, Secretaría de Hacienda y Crédico Público, 2010.

Guzmán, M. L., *El águila y la serpiente*, México, Porrúa, 1984.

Hernández, O. A., *Mil y un planes, tres revoluciones y una última constitución*, México, Grupo Editorial Amargura 4, 1988.

Hernández, M., *El Poder Judicial federal en México: dimensión histórica e institucional en los debates de 1917*, México, Suprema Corte de Justicia de la Nación, 2013.

Herrera, G. P., *Carranza. El último reformista porfiriano*, México, Tusquets Editores, 2009.

Huicoche, A. A. (coord.), *Venustiano Carranza frente al Congreso Constituyente*, México, Cámara de Diputados XLIII, 2016.

Junco, A., *Carranza y los orígenes de su rebelión*, México, Méjico, 1955.

Krauze, E., *Puente entre siglos. Venustiano Carranza*, México, Fondo de Cultura Económica, 1987.

Krause, E., *La Revolución, promesa y sufrimiento* [serie de documentales], México, Clío, 2010.

_____, *Siglo de caudillos: de Miguel Hidalgo a Porfirio Díaz*, México, Tusquets Editores, 2014.

Knight, A., *La Revolución mexicana*, México, Fondo de la Cultura Económica, 2016.

Laborde, I. M., *Diario de debates del Congreso Constituyente de 1916-1917*, México, Poder Judicial de la Federación, 2013 (vol. I, II y III).

Lamego, M. A., *Historia militar de la revolución en la época de la Convención*, México, Instituto Nacional de Estudios Históricos de las Revoluciones Mexicanas, 2011.

Liceaga, J. M., *Adiciones y rectificaciones a la historia de México por don Lucas Alamán*, tomos I y II, México, Layac, 1944.

López, L. M., *Secreto 1910*, México, Penguin Random House Grupo editorial, 2010.

Maillé, M. y Monterde, F., *México: fotografía y revolución*, México, Instituto Nacional de Antropología e Historia, s. f.

Manero, A., *Carranza presidente*, México, s.e., 1963.

Matute, A., *La Revolución mexicana: actores, escenarios y acciones*, México, Océano, 2010.

Mellado, G., *Tres etapas políticas de don Venustiano Carranza*, México, s. e, 1916.

Mena Brito, B., *Felipe Ángeles Federal*, tomo I, México, Ediciones Herrerías, 1956.

_____, *Ocho diálogos con Carranza*, México, Ediciones Botas, 1933.

Mendiolea, G. F., *Historia de la Revolución mexicana*, México, El Nacional, 1956.

Meyer, J., *La Revolución mexicana*, México, Tusquets Editores, 2016.

Naranjo, F., *Diccionario biográfico revolucionario*, México, Instituto Nacional de Estudios Históricos, 1985.

Narváez, P. M. *et al.*, *Antología del centenario de la constitución de 1917*, tomo IV, México, Cámara de Diputados XLIII, 2016.

Oropeza, M. G., *Génesis del Congreso Constituyente 1916-1917*, México, Cámara de Diputados XLIII, 2016.

Palavicini, F. F., *Historia de la Constitución de 1917*, tomos I y II, México, Instituto Nacional de Estudios Históricos de las Revoluciones Mexicanas,1938.

Peuliard, O. G., *Felipe Ángeles y los destinos de la Revolución mexicana*, México, Fondo de Cultura Económico, 2013.

Política, J. D., *Diario oficial. Decretos relativos a la convocatoria y elección del Congreso Constituyente de Querétaro 1916-1917*, México, Cámara de Diputados XLIII, 2016.

_____, *La Constitución de 1917: de la reforma agraria al desarrollo rural sustentable*, México, Cámara de Diputados XLIII, 2016.

Ponce de León, G. A., *Glosa de la constitución en sonetos*, México, Instituto Nacional de Estudios Históricos de las Revoluciones Mexicanas, 2014.

Portilla, S. *et al.*, *De la caída de Madero al ascenso de Carranza*, México, Instituto Nacional de Estudios Históricos de las Revoluciones Mexicanas, 2014.

Quiñones, J. G., *Teorizando sobre la Revolución mexicana*, México, Instituto Nacional de Estudios Históricos de las Revoluciones Mexicanas, 2015.

Quirarte, V., *Los mexicanos y el México del constituyente*, México, Cámara de Diputados XLIII, 2016.

Rábago, S. R., *Evolución constitucional mexicana*, México, Porrúa, 2011.

Rabasa, E., *La constitución y la dictadura*, México, Consejo Nacional para la Cultura y las Artes, 2015.

Ramírez, S. G., *La constitución y el sistema penal: 75 años, 1940-2015*, México, Instituto Nacional de Ciencias Penales, 2016.

Ramírez, F. T., *México y sus constituciones*, México, Polis, 1937.

Ramos, R., *Bibliografía de la Revolución*, México, Biblioteca del Instituto Nacional de Estudios Históricos de la Revolución Mexicana, 1959.

Robles, V. A., *La Convención revolucionaria de Aguascalientes*. México, Biblioteca del Instituto Nacional de Estudios Históricos de la Revolución Mexicana, 1979.

Rodríguez, J. B., *Historia del Ejército y la Revolución constitucionalista. Primera y segunda época*, México, Stylo, 1945.

Román, J., *Carranza: la Revolución constitucionalista*, México, SEPAC, 1981.

Rosales, A. C. y C. J. Castro, *Fichas históricas de la Independencia y la Revolución mexicana*, México, Secretaría de la Defensa Nacional, 2010.

Rouaix, P., *Génesis de los artículos 27 y 123 de la Constitución política de 1917*, México, Instituto Nacional de Estudios Históricos de las Revoluciones Mexicanas, 2016.

Salmerón, P., *Los carrancistas. La historia nunca contada del victorioso ejército del noreste*, México, Planeta, 2010.

Semo, E., *México: del antiguo régimen a la modernidad*, México, Universidad Autónoma de Ciudad Juárez, 2012.

Sinaloa., G. D., *Homenaje del estado de Sinaloa a Don Venustiano Carranza*, Culiacán, Ediciones Culturales del Gobierno del Estado de Sinaloa, 1959.

Soto, A. R., *Revolución en letras,* México, Semiología editores, 2016.

Taracena, A., *La verdadera Revolución mexicana,* México, Porrúa, 2008.

Ulloa, B., *Historia de la Revolución mexicana 1914-1917,* México, El Colegio de México, 1981.

Urquizo, F. L., *Asesinato de Carranza,* México, La prensa, 1969.

_____, *Origen del Ejército Constitucionalista,* México, Instituto Nacional de Estudios Históricos de las Revoluciones Mexicanas, 2013.

Valadés, J. C., *La Revolución y los revolucionarios,* México, Instituto Nacional de Estudios Históricos de las Revoluciones Mexicanas, 2013.

_____, *La Revolución y los revolucionarios. Las rupturas en el constitucionalismo,* tomos i-viii, México, Instituto Nacional de Estudios Históricos de las Revoluciones Mexicanas, 2014.

Vázquez, L. N., *La elocuencia en la época de la Revolución mexicana,* México, Biblioteca Nacional de Estudios Históricos de la Revolución Mexicana, 1982.

Velásquez, J. W., *El constitucionalismo económico en la carta de Querétaro 1917-2017,* tomo ii, México, Cámara de Diputados lxiii Legislatura, 2016.

Vélez, I. V., *Historia de la Revolución mexicana en Coahuila,* México, Biblioteca del Instituto Nacional de Estudios Históricos de la Revolución Mexicana, 1970.

Villalpando, J. M., *La visión de Palavicini del derecho constitucional a principios del siglo xix,* México, Poder Judicial de la Federación, 2016.

Woldenberg, J., *La concepción sobre la democracia en el Congreso Constituyente de 1916-1917 con relación al de 1856-1857,* México, Instituto Nacional de Estudios Históricos de las Revoluciones Mexicanas, 2016.

Zamudio, H. F., *Reflexiones sobre el decreto constitucional para la libertad de la América mexicana*, México, Instituto Nacional de Estudios Históricos de las Revoluciones Mexicanas, 2014.

Zuñiga, R. M., *Venustiano Carranza en la Revolución constitucionalista*, México, La Nación, 1964.

_____, *La Revolución mexicana*, México, Instituto Nacional de Capacitación del magisterio, 1965.

El hombre tras la Constitución de 1917

terminó de imprimirse en 2017
en los talleres de Litográfica Ingramex, S.A. de C.V.
Centeno 162-1, colonia Granjas Esmeralda,
delegación Iztapalapa, 09810, Ciudad de México.